초등 과학 진짜 문해력 5-2

창비

초등 과학 진짜 문해력 5-2

아꿈선
교수학습자료
개발연구소

창비

과학으로 세상을 보는 눈을 키워 갈 아이들을 위해

최근 매체나 뉴스에서 '문해력'이라는 단어를 많이 보았을 것입니다. 요즘 아이들이 글자를 읽을 줄은 알지만, 그 글자들이 결합되어 만들어진 문장이나 글은 이해하기 어려워한다는 내용이었을 테지요. 쉽고 짧은 글도 제대로 읽어 내지 못하는 아이들에게 과학이라니, 마음이 무거워집니다. 그렇다고 손 놓고 있을 수는 없겠지요. 지식 교과인 과학을 이해하는 능력인 '과학 문해력'은 아이들의 향후 학습에 많은 영향을 주기 때문입니다.

『초등 과학 진짜 문해력』은 과학 개념어를 바탕으로 과학 문해력을 효과적으로 길러 줍니다. 먼저 이 책은 새롭게 만들어진 검정 교과서 초등 과학 7종에 수록된 핵심 개념어를 알차게 담고 있습니다. 이렇게 익힌 과학 개념어는 수학 능력 시험까지 이어집니다. 당장 이해하기 어렵다고 미루기보다는 초등 과정부터 차근차근 익혀 나가는 것이 중요하겠지요.

여기에 더해 이 책은 자세한 설명과 친절한 이미지 자료로 아이들의 이해를 돕습니다. 학습 만화와 동화에 익숙한 아이들의 수준에 맞춰 적절한 읽기 분량을 제시하는 것은 물론이고, 완결성 높은 좋은 글을 통해 자신의 생각을 기르도록 합니다. 또 아이들이 주변에서 쉽게 만날 수 있는 과학적 사실과 원리를 예로 들며 호기심을 자극하고, 생활 속 재료로 실험을 할 수 있게 하여 흥미 역시 높였습니다. 이를 통해 아이들은 과학적 원리를 직접 추론하고 이해할 수 있을 것입니다. 이 책으로 우리 아이들의 과학 문해력이 높아지고 세상을 보는 눈이 넓어지기를 바랍니다.

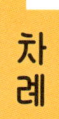

차례

머리말 • 5

1. 재미있는 탐구 생활

한눈에 읽는 개념 지도 재미있는 탐구 생활 • 12

탐구 • 14
탐구 문제 • 15
탐구 계획 • 17
탐구 실행 • 19
점검과 개선 • 21
탐구 결과 발표 • 22

문해력 튼튼 실수로 만들어진 발명품 • 24
과학자의 탐구 생활 완두콩에서 발견한 유전 법칙 • 26

2. 생물과 환경

한눈에 읽는 개념 지도 생태계 • 30

생태계 • 32
생물 요소 • 33
생산자 • 34
소비자 • 36
분해자 • 38
비생물 요소 • 40
먹이 사슬 • 42
먹이 그물 • 44
생태계 평형 • 46
환경 오염 • 48
적응 • 50

문해력 튼튼 펭귄은 어떻게 남극에서 살아갈 수 있을까? • 52
방구석 실험실 콩나물 키우기 • 54

3. 날씨와 생활

한눈에 읽는 개념 지도 날씨와 생활 • 58

날씨 • 60 습도 • 62
건습구 온도계 • 64 응결 • 66
이슬 • 68 안개 • 70
구름 • 72 눈과 비 • 73
고기압과 저기압 • 76 육풍과 해풍 • 79
기단 • 81

문해력 튼튼 눈 결정은 왜 육각형 모양일까? • 84
방구석 실험실 셀로판지 습도계 만들기 • 86

4. 물체의 운동

한눈에 읽는 개념 지도 운동 • 90

운동 • 92 위치 • 94
빠르기가 변하는 운동 • 95 빠르기가 일정한 운동 • 96
속력 • 98 속력의 단위 • 100
이동 시간 • 102 이동 거리 • 104
속력과 관련된 안전장치 • 106

문해력 튼튼 비행기의 속력은 어떻게 잴까? • 108
방구석 실험실 종이컵 자동차 만들기 • 110

5. 산과 염기

한눈에 읽는 개념 지도 용액 • 114

여러 가지 용액 분류하기 • 116　　**산성 용액** • 118
염기성 용액 • 120　　**지시약** • 122
중화 • 124

문해력 튼튼 땅에 따라 색이 바뀌는 꽃이 있다? • 126
방구석 실험실 알록달록 지시약 만들기 • 128

한 문장 정리 모아 보기 • 132

재미있는 탐구 생활

우리는 살아가면서 다양한 자연 현상을 마주해요.
그리고 거기서 여러 궁금증을 갖죠.
이 궁금증들을 과학자처럼 탐구하면서
해소하는 방법을 살펴볼까요?

한눈에 읽는 개념 지도

깎아 놓은 사과가 갈색으로 변했네!

탐구 문제는 우리가 스스로 확인할 수 있는 문제로 정해요.

① 탐구 문제 정하기

재미있는 나의 탐구

깎아 놓은 사과가 갈색으로 변하지 않게 하려면 어떤 용액에 넣어야 할까?

A 용액? B 용액?

탐구란? 여러 가지 자연 현상에 대한 궁금증의 답을 찾는 과정

Best!

④ 탐구 결과 발표

여러 가지 자료를 활용하여 탐구 결과를 발표해요.

GOOD!

탐구

하늘은 왜 푸른색일까? 물을 끓일 때 생기는 김은 액체일까, 기체일까? 냉장고 속 얼음덩어리는 왜 뿌옇게 보일까? 위 질문들은 일상에서 흔히 가질 법한 궁금증인데요, 어떻게 하면 이런 의문들을 해소할 수 있을까요?

'탐구'란 여러 가지 자연 현상을 보고 떠올린 궁금증에 대한 답을 찾는 과학적인 과정을 말해요. 과학자들은 어떻게 탐구를 할까요? 궁금한 문제의 답을 미리 예상하고 예상한 답이 맞는지 확인하기 위해서 실험을 설계해요. 그리고 실험을 하고 결과를 정리, 분석하여 처음 예상한 답이 맞는지 확인하죠. 또 오랜 시간 관찰한 자료들을 통해 과학적 원리나 법칙을 발견하기도 해요. 관찰이나 실험으로 확인하기 어려운 자연 현상은 실제와 비슷한 모형을 사용하여 탐구하기도 한답니다.

👉 한 문장 정리

ⓔ ⓖ 란 여러 가지 자연 현상을 보고 떠올린 궁금증에 대한 답을 찾는 과학적인 과정을 말해요.

탐구 문제

탐구를 하기 위해서는 탐구 문제를 정해야 해요. '탐구 문제'는 탐구를 통해 해소하고 싶은 궁금증을 말하는데, 일상생활을 살아가며 궁금했던 점으로 정하는 게 좋아요. 이때 탐구 문제가 실험을 통해 검증할 수 있는 것인지, 무엇을 알아보기 위한 것인지를 명확하게 나타내야 해요. 그럼 함께 탐구 문제를 정해 볼까요?

어느 날, 엄마가 깎아 주신 사과를 보고 궁금증이 생겼어요. 처음에는 노랗던 사과가 시간이 지날수록 갈색으로 변하는 거예요. 사과는 왜 갈색으로 변했을까요? 그리고 사과가 갈색으로 변하지 않게 하려면 어떻게 해야 할까요?

사과가 갈색으로 변하는 현상을 '갈변 현상'이라고 해요. 사과를 깎으면 사과 껍질에 감춰져 있던 폴리페놀이라는 물질에 산소가 결합하면서 갈변 현상이 일어나요.

사과의 갈변 현상을 보고 두 가지 탐구 문제를 떠올려 보았어요. 하나는 '사과가 왜 갈색으로 변했을까?'이고, 다른 하나는 '사과가 갈색으로 변하지 않게 하려면 사과를 어떤 용액에 담가야 할까?'랍니다. 두 탐구 문제 중에서 우리가 스스로 탐구하기에 더 적절한 것은 무엇일까요?

'사과가 왜 갈색으로 변했을까?'를 탐구하려면 사과 속 성분, 즉 폴리페놀에 대한 전문적인 지식과 이를 분석할 수 있는 여러 장비가 필요해요. 즉, 우리가 스스로 탐구하기에 어려운 문제예요. 하지만 '사과가 갈색으로 변하지 않게 하려면 사과를 어떤 용액에 담가야 할까?'는 사과를 소금물, 설탕물 등 여러 용액에 직접 넣어 보면서 사과의 색이 변하는지, 변하지 않는지 관찰하며 탐구할 수 있어요. 즉, 우리가 스스로 탐구할 수 있는 문제죠.

👍 **한 문장 정리**

탐구를 통해 해소하고 싶은 궁금증을 ㅌ ㄱ ㅁ ㅈ 라고 하는데, 이를 정할 때에는 그것을 스스로 실험하고 확인할 수 있는지 따져 봐야 해요.

탐구 계획

탐구 문제를 정한 뒤에는 그 문제를 해결하기 위해서 계획을 세워야 해요. 이때 탐구 문제를 해결하기 위해 탐구 방법, 탐구 순서, 탐구 기간과 장소, 준비물 등을 생각해 보는 과정을 '탐구 계획'이라고 해요. '사과가 갈색으로 변하지 않게 하려면 사과를 어떤 용액에 담가야 할까?'에 관한 궁금증을 해결하기 위해 탐구 계획을 세워 봅시다.

탐구 계획을 세울 때에는 먼저 어떤 실험을 할지 생각해 보면 좋아요. 그리고 그 실험을 할 때에 같게 할 것과 다르게 할 것을 정해야 해요.

사과의 갈변을 막기 위해서 사과를 여러 용액에 담그는 실험을 해 봅시다. 이때 사과의 크기와 용액의 양, 사과를 용액에 넣는 시간은 같아야 하고 용액의 종류는 다르게 해야겠죠? 실험을 어떻게 할지 정한 뒤에는 아래와 같이 실험 기간, 장소, 준비물, 실험 순서, 주의할 점 등이 들어간 탐구 계획서를 작성해요.

탐구 문제	사과가 갈색으로 변하지 않게 하려면 사과를 어떤 용액에 담가야 할까?
실험 일시	□월 □□일　　**실험 장소**　과학실
준비물	사과 1개, 비커 5개, 접시 2개, 유리 막대, 약숟가락, 설탕, 소금, 오렌지주스, 레몬즙, 물, 과일칼
탐구 순서	① 비커 3개에 설탕 10g, 소금 10g, 레몬즙 5㎖를 각각 넣고 물을 부어 설탕물, 소금물, 레몬물 30㎖를 만든다. ② 비커 2개에 물과 오렌지주스를 각각 30㎖씩 넣는다. ③ 사과를 6등분하여 비커 5개에 하나씩 동시에 10초간 담갔다 뺀다. 나머지 1조각과 함께 접시에 놓아 둔다. ④ 1시간 후, 사과의 갈변 정도를 관찰하고 맛을 본다.
주의할 점	과일칼을 쓸 때는 손을 베지 않게 조심한다.

👉 **한 문장 정리**

탐구 문제를 해결하기 위해 탐구 방법, 탐구 순서, 탐구 기간과 준비물 등을 생각해 보는 과정을  **이라고 해요.**

탐구 실행

 탐구 문제를 해결하기 위해 탐구 계획에 따라 탐구를 하는 과정을 '탐구 실행'이라고 해요. 탐구 실행을 할 때에는 실험 준비물과 탐구 기록장, 사진기 등이 필요해요. 실험을 하면서 탐구 기록장에 탐구 결과와 진행 과정을 기록합니다. 실험 과정을 사진으로 찍으면 나중에 탐구 결과를 정리하기 좋아요.

 사과의 갈변 현상을 막기 위한 실험을 하는 데에는 여러 가지 준비물이 필요해요. 사과, 사과를 자르고 깎을 칼, 설탕, 소금, 물, 레몬즙, 오렌지주스, 접시, 비커, 유리 막대, 약숟가락 등이 필요하답니다.

 비커 두 개에 각각 물 30㎖와 소금 10g, 물 30㎖와 설탕 10g을 넣고 잘 저어 줍니다. 세 번째 비커에는 물 25㎖, 레몬즙 5㎖를 넣고 잘 섞어요. 나머지 두 비커에는 각각 오렌지주스와 물을 30㎖씩 담습니다. 사과를 칼로 6등분한 다음 1조각은 접시에, 나머지 5조각은 각 비커에 10초씩 담근 다음 빈 접시로 옮겨요.

실험을 통해 탐구 문제를 해결해 보아요!

    1시간이 지난 뒤, 사과의 색깔을 관찰해 보세요. 아무것도 하지 않고 놓아둔 사과는 갈색으로 변했을 거고, 물에 담갔다 뺀 사과도 살짝 갈색으로 변했을 거예요.

    하지만 설탕물, 소금물, 레몬물, 오렌지주스에 담갔던 사과는 색이 바뀌지 않은 것을 확인할 수 있어요. 시간이 좀 더 지난 후에도 설탕물, 소금물, 레몬물, 오렌지주스에 담갔던 사과는 갈변 현상이 거의 일어나지 않아요.

    실험 후 사과의 맛이 *여전한지 먹어 보니, 소금물에 담갔던 사과는 짠맛이 조금 났어요. 레몬물에 담갔던 사과 역시 살짝 신맛이 났어요. 설탕물과 오렌지주스에 담갔던 사과가 원래의 사과맛과 가장 비슷했어요.

✱ **여전하다** 전과 같다는 뜻이에요.

 한 문장 정리

탐구 문제를 해결하기 위해 탐구 계획에 따라 탐구를 하는 과정을 ㅌ ㄱ ㅅ ㅎ 이라고 해요.

점검과 개선

탐구를 하다 보면 계획대로 탐구가 진행되지 않거나 예상하지 못한 문제가 생기기도 해요. 이럴 때에는 문제가 생긴 원인을 찾고, 그것을 해결할 수 있는 과학적인 방법을 생각해 탐구가 제대로 이루어지게 해야 해요. 이때 탐구 과정에서 생긴 문제의 원인을 찾는 것을 '점검'이라고 하고, 그 문제를 해결할 수 있는 방법을 찾아 보완하는 것을 '개선'이라고 해요.

사과의 갈변을 막으려면 어떻게 해야 할지 탐구하기 위해 실험을 진행했는데 사과가 갈변이 되었다면, 사과가 갈변되기 전에 실험을 진행했는지, 사과를 용액에 담가 둔 시간이 적절했는지 등을 점검하면 돼요. 점검을 통해 문제의 원인을 찾았다면 그 문제를 해결할 수 있는 방법이 무엇인지 고민해서 탐구를 개선하면 돼요.

👉 **한 문장 정리**

탐구 과정에서 생긴 문제의 원인을 찾는 것을 ㅈ ㄱ 이라고 하고, 그 결과에 따라 문제를 해결할 수 있는 방법을 찾아 보완하는 것을 ㄱ ㅅ 이라고 해요.

탐구 결과 발표

앞에서 계획한 대로 탐구를 실행했다면 그 결과 소금물과 설탕물, 레몬물, 오렌지주스 모두 사과의 갈변 현상을 어느 정도 막아 주는 것을 알 수 있어요. 그럼 사과의 맛과 모양새까지 유지하려면 어떤 용액에 담가 두는 것이 좋을까요?

소금물은 사과의 갈변 현상을 막아 주지만, 사과의 맛이 짜지는 단점이 있지요. 그리고 레몬물 역시 사과의 갈변 현상은 막아 주지만 사과의 맛을 시게 할 수 있어요.

실험 결과로 본다면, 사과의 맛을 유지하면서 갈변 현상도 막기 위해서는 설탕물이나 오렌지주스를 활용하는 것이 좋겠네요. 설탕물과 오렌지주스에 담근 사과는 갈색으로 변하지 않고 그 맛도 그대로였으니까요.

탐구한 결과를 발표할 때에는 시청각 설명, 포스터 발표, 전시회, 영상 제작 등의 방법을 활용할 수 있어요. 어떤 방법이 탐구 결과를 잘 전달할 수 있을지 생각해 보고 거기에 맞는 방법을 활용하여 발표해 보세요. 그리고 탐구 결과를 정리해서 발표 자료를 만들어요. 이때 발표 자료에는 탐구 문제, 탐구 기간, 탐구 장소, 탐구한 사람, 준비물, 탐구 순서, 탐구 결과, 느낀 점과 더 탐구하고 싶은 것 등의 내용이 들어가면 좋아요.

이와 더불어 발표 자료에 탐구를 실행하며 찍은 사진 자료나 동영상 자료를 활용하여 탐구 과정과 결과를 제시하면 탐구 결과를 더 잘 보여 줄 수 있어요. 또 발표 자료는 중요한 것을 위주로 간단하게 나타내고, 특히 탐구 과정에서 발생한 문제점과 개선 과정이 잘 드러나게 만들도록 해요.

👉 **한 문장 정리**

탐구 결과를 ㅂ ㅍ 할 때에는 탐구 결과를 잘 전달할 수 있는 방법이 무엇인지 생각해 보고 여기에 맞는 ㅈ ㄹ 를 만들어요.

문해력 튼튼

● 다음 글을 읽고, 물음에 답하세요.

실수로 만들어진 발명품

우리 주변에는 생활을 편리하게 해 주는 발명품이 많이 있어요. 그런데 이런 발명품 중에는 우연한 실수로 만들어진 것들이 있다고 하는데요, 한번 알아볼까요?

안전유리는 잘 깨지지 않고 깨져도 산산조각으로 부서지지 않아서 일반 유리보다 훨씬 안전해요. 고양이야, 고마워!

▲ 안전유리

1903년, 프랑스의 화학자 에두아르 베네딕투스의 실험실에 고양이 한 마리가 들어왔어요. 실험실 곳곳을 누비던 고양이가 선반에 부딪쳐서 그만 선반 위에 놓인 플라스크들이 떨어졌어요. 화가 난 베네딕투스는 고양이를 쫓아내고 떨어진 플라스크를 치우기 시작했답니다. 그때 우연히 베네딕투스는 산산조각 난 플라스크 사이에서 금만 가 있는 채 형태를 고스란히 유지하고 있는 플라스크 하나를 발견했어요.

'왜 저 플라스크만 형태를 유지하고 있을까?' 하는 궁금증이 생긴 베네딕투스는 이 궁금증을 탐구 문제 삼아 탐구를 했어요. 그리고 그는 열심히 탐구한 끝에 플라스크 안에 담겨 있던 셀룰로이드 용액이 말라붙어 플라스크가 깨져도 형태를 유지할 수 있었다는 것을 알게 되었어요. 베네딕투스는 이렇게 '안전유리'를 발명하게 되었답니다.

● 에두아르 베네딕투스가 안전유리를 발명하는 데 계기가 된 사건은 무엇인가요?

🔍 **과학자의 탐구 생활**

완두콩에서 발견한 유전 법칙

오스트리아의 가난한 농부의 아들로 태어난 멘델은, 어린 시절부터 수학과 과학을 좋아했지만 가정 형편이 어려워서 대학에 가지 못했어요. 대신 고향 근처에 있는 수도원에 들어가 수도사가 되었지요. 하지만 멘델은 수도사가 된 후에도 자신이 좋아하는 공부를 하기 위해 노력했어요. 그의 노력을 안 수도원장의 도움으로 결국 멘델은 대학에 갈 수 있게 되었고, 그곳에서 다양한 학문을 배운답니다.

그 후 멘델은 부모의 생김새나 특징이 자손에게 물려지는 '유전'에 관심을 갖기 시작했어요. 당시 사람들은 부모의 특징이 섞여 중간의 모습이 자식에게 유전된다고 생각했지만 멘델은 여기에 의문을 품고 있었지요. 그래서 결국 직접 탐구해 보기로 결심했어요. 무엇을 탐구 대상으로 정할지 고민하던 멘델은, 짧은 시간에 많은 열매를 얻을 수 있는 식물이 탐구 대상으로 알맞다고 생각했어요. 그리고 탐구할 식물로 완두콩을 선택했지요.

여러 해 동안 수많은 완두콩을 기르며 탐구한 멘델은 결국 유전에 관한 법칙을 찾아냈어요. 둥근 완두콩과 주름진 완두콩을 교배했을 때 모두 둥근 완두콩만 나온 것을 보고, 부모의 특징 중에서 더 우열한 특징만 자식에게 나타난다는 것을 발견했어요. 이를 '우열의 법칙'이라고 해요. 이는 부모의 특징이 중간 모습으로 유전된다고 믿었던 당시 사람들의 생각을 깨는 발견이었죠. 이 외에도 멘델은 유전과 관련된 많은 것을 발견해 냈답니다. 그렇게 멘델은 오늘날 유전학의 아버지로 불리게 되었답니다.

▲ 1984년, 멘델의 업적을 기리며 바티칸에서 발매한 기념우표

2

생물과 환경

우리는 동물과 식물처럼 살아 있는 것뿐만 아니라
공기나 햇빛처럼 살아 있지 않은 것과도
서로 영향을 주고받으면서 살아가요.
이들이 어떻게 조화를 이루고 있는지 살펴볼까요?

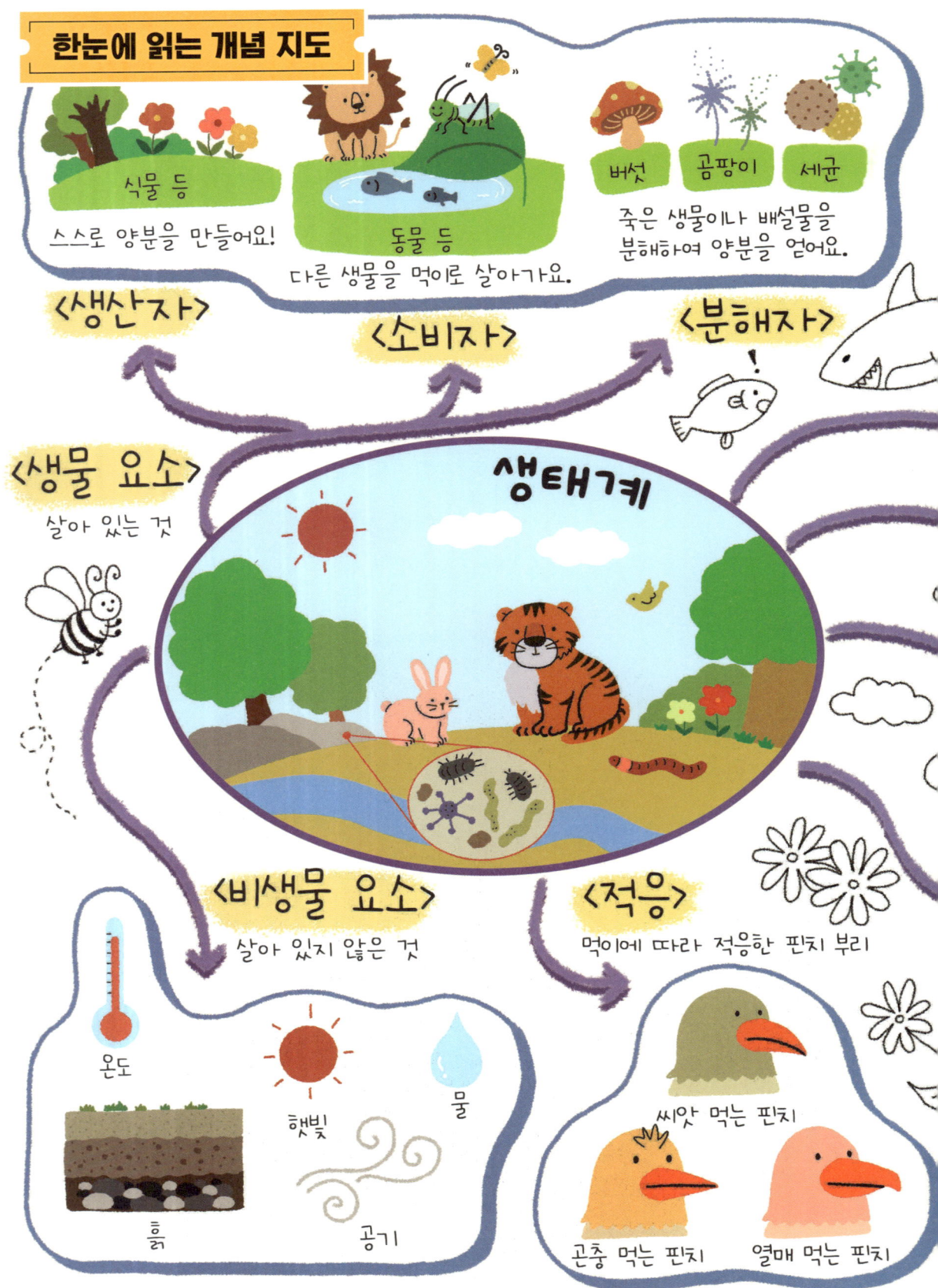

생태계

'생태계'란 생물 요소와 비생물 요소가 어떤 장소에서 서로 영향을 주고받으면서 균형과 조화를 이루는 체계를 말해요. 이때 '생물 요소'란 사람을 포함한 동물, 식물처럼 살아 있는 것을 말하고, '비생물 요소'란 공기, 햇빛, 물처럼 살아 있지 않은 것을 말한답니다. 생태계는 그 종류와 규모가 아주 다양해요. 화단이나 연못처럼 규모가 작은 생태계도 있고, 숲이나 바다처럼 규모가 큰 생태계도 있죠. 그리고 과학자들은 연구나 보호를 위해 해양 생태계, 사막 생태계, 극지 생태계, 도시 생태계, 숲 생태계 등으로 생태계를 나누기도 한답니다.

👉 한 문장 정리

ㅅ ㅌ ㄱ 란 생물 요소와 비생물 요소가 어떤 장소에서 서로 영향을 주고받으면서 균형과 조화를 이루는 체계를 말해요.

생물 요소

생태계에서는 다양한 생물이 함께 어울려 살아가요. 이때 '생물'이란 생명을 가지고 스스로 생활을 유지하는 생명체를 말해요. 생물들이 살아가는 데에는 양분이 꼭 필요한데요, 생물은 그들이 *양분을 얻는 방법에 따라 생산자, 소비자, 분해자로 나눌 수 있답니다.

'생산자'는 스스로 양분을 만드는 생물 요소를 말하고, '소비자'는 스스로 양분을 만들지 못하고 다른 생물을 먹이로 하여 살아가는 생물 요소를 말해요. 그리고 '분해자'는 죽은 생물이나 배설물을 분해하여 양분을 얻는 생물 요소예요.

★ 양분 영양이 되는 성분을 말해요.

 한 문장 정리

생명을 가지고 스스로 생활을 유지하는 생명체를 ㅅ ㅁ 이라고 하는데, 이들은 ㅇ ㅂ 을 얻는 방식에 따라 생산자, 소비자, 분해자로 나눌 수 있어요.

생산자

생물이 살아가기 위해서는 양분이 꼭 필요해요. 앞서 '생산자'는 스스로 양분을 만드는 생물이라고 했어요. 생산자는 물, 햇빛, 이산화탄소 같은 *무기물을 양분으로 만드는 데요, 좀 더 자세히 설명하면 생산자는 광합성을 통해 살아가는 데 필요한 양분을 만드는 거예요. 우리 주변에서 흔히 볼 수 있는 나무나 풀 같은 식물이 바로 생산자랍니다.

식물은 잎 속 세포 중 하나인 엽록체에서 햇빛을 이용하여, 뿌리를 통해 흡수한 물과 잎에서 흡수한 이산화탄소를 에너지로 바꿔요. 바로 이 과정이 바로 '광합성'이에요. 광합성의 결과로 만들어진 포도당이 식물의 양분이 된답니다.

생산자인 식물들이 사라진다면 지구에는 큰 변화가 생길 거예요. 생산자를 먹이로 하는 소비자와 분해자가 먹

★ 무기물 생명을 지니지 않은 물질을 통틀어 이르는 말이에요.

을 것이 없어 죽게 되고 그러다 결국에는 생태계가 무너질 수도 있어요.

 한 문장 정리

햇빛 등으로 살아가는 데 필요한 영양분을 스스로 만드는 생물을 ㅅ ㅅ ㅈ 라고 해요.

소비자

스스로 양분을 만드는 식물들과 달리 스스로 양분을 만들지 못하고 다른 생물을 먹으며 살아가는 생물을 '소비자'라고 해요. 소비자는 주로 섭취하는 먹이의 종류에 따라 초식 동물, 잡식 동물, 육식 동물로 분류해요.

초식 동물은 풀, 과일 등 식물을 먹어요. 풀을 먹는 토끼와 소 모두 초식 동물이에요. 육식 동물은 다른 동물들을 주로 먹어요. 육식 동물에는 사자, 호랑이, 상어 등이 있어요. 잡식 동물은 식물과 동물을 모두 먹어요. 개, 돼지, 참새, 곰 그리고 사람도 잡식 동물이랍니다.

　소비자는 생산자도 먹지만, 같은 소비자인 곤충과 동물을 먹기도 해요. 식물은 초식 동물의 먹이가 되고, 초식 동물은 육식 동물의 먹이가 되고, 또 육식 동물이 죽으면 분해자가 이들을 분해해 다시 식물의 양분으로 되돌려 놓음으로써 생태계의 순환 고리가 이어진답니다.

한 문장 정리

스스로 양분을 만들지 못하고 다른 생물을 먹으며 살아가는 생물을  라고 해요.

분해자

식물과 동물은 시간이 지나면 죽어요. 또 동물들이 무언가를 먹고 소화되지 않은 것은 배설물로 나오죠. 이러한 동식물의 사체와 배설물을 분해하여 양분을 얻는 생물이 바로 '분해자'랍니다. 분해자에는 지렁이와 같은 동물, 곰팡이와 버섯과 같은 균류, 그리고 다양한 세균류가 포함돼요.

지렁이는 흙 속에 살면서 낙엽이나 동물의 배설물을 먹이로 해요. 지렁이의 배설물인 분변토는 식물이 잘 자라도록 도와주지요. 버섯은 동식물의 사체가 분해되며 나오는 양분을 먹는 분해자예요. 버섯은 언뜻 보면 식물처럼 보이지만, 엽록소가 없어 광합성을 하지 못해 스스로 양분을 만들 수 없고, 다른 생물체에 붙어 양분을 얻어요.

축축한 곳을 좋아하는 곰팡이도 분해자이지요. 곰팡이는 죽은 나무를 분해하고, 바다의 오염된 기름을 제거하고 쓰레기장의 생활 폐기물을 처리해 주기도 한답니다.

곰팡이와 세균은 많은 분해 요소를 가지고 있어요. 그래서 지렁이 같은 동물이 큼직하게 쪼개서 분해한 동식물의 사체나 배설물 주위에 번식하면서 분해가 더 잘되게 할 수 있어요. 특히 세균은 여러 단백질을 분해하여 공기의 종류 중 하나인 질소의 순환을 돕기도 해요.

　분해자는 배설물이나 사체를 분해해 생태계 안에서 물질의 순환을 도와요. 만약 생태계에 분해자가 없다면 동식물의 사체나 배설물이 분해될 수 없겠지요. 그렇다면 자연은 죽은 동식물의 사체로 가득 차게 될 거예요. 이처럼 분해자는 생태계가 유지되는 데 아주 중요한 역할을 하고 있어요.

👆 **한 문장 정리**

주로 죽은 생물이나 배출물을 분해하여 양분을 얻는 생물을 ㅂ ㅎ ㅈ 라고 해요.

비생물 요소

생태계에는 흙, 공기, 물, 햇빛과 같이 살아 있지 않은 것들도 있어요. 이렇게 생물을 둘러싸고 있는 환경을 구성하는 것들을 '비생물 요소'라고 해요. 비생물 요소는 생물 요소와 상호 작용하여 생물의 활동을 활발하게 만들기도 하고 억제하기도 해요.

생물 요소와 비생물 요소는 서로 영향을 주고 받아요. 비생물 요소인 공기가 없으면 생물 요소, 즉 생산자, 소비자, 분해자는 숨을 쉴 수 없어요. 공기가 10초만 지구에서 사라져도 많은 생물들이 살아남지 못한답니다.

비생물 요소인 물이 없다면, 물에서 서식하는 생물들이 살 수 없을 거예요. 강이나 연못에 사는 연꽃 같은 식물, 물방개 같은 곤충, 붕어 같은 동물들이 살 수 없어요.

비생물 요소인 흙은 식물이 자랄 수 있는 양분을 제공하기도 하고, 다양한 생물이 살아가는 장소를 제공하기도 해요. 흙이 없다면 식물은 양분을 얻지 못해 시들 테고 동물은 살아갈 장소를 잃어버리게 될 거예요.

햇빛은 생산자인 식물이 양분을 만드는 광합성 과정에 꼭 필요한 비생물 요소예요. 광합성 과정에서 식물은 산소를 만들어 공기를 맑게 해 주는 정화 작용도 해요.

👆 **한 문장 정리**

물, 햇빛, 공기, 흙처럼 생물을 둘러싸고 있는 환경을 구성하는 것들을 ㅂ ㅅ ㅁ 요소라고 해요.

먹이 사슬

방심하는 순간, 나도 누군가의 먹이가 될 수 있다!

풀　메뚜기　개구리　매

　생태계 속 생물들은 서로 먹고 먹히는 관계를 맺고 있어요. 위 그림에서처럼 풀은 메뚜기에게 먹히고, 메뚜기는 개구리에게 먹히고, 개구리는 매에게 먹히지요. 이러한 관계를 연결하면 마치 *기다란 사슬 모양이 되는데요, 이처럼 생물 사이의 먹고 먹히는 관계가 마치 사슬처럼 연결되어 있는 것을 '먹이 사슬'이라고 해요.
　먹이 사슬에서 다른 동물의 먹이가 되는 동물을 '피식자'라고 하고, 다른 동물을 잡아먹는 동물을 '포식자'라고

★ 기다랗다 매우 길다는 뜻이에요.

해요. 앞의 먹이 사슬에서 개구리는 메뚜기를 잡아먹는 포식자인 동시에 매에게 잡아먹히는 피식자이기도 해요. 이처럼 같은 동물이라도 먹고 먹히는 관계에 따라 피식자가 될 수도 있고 포식자가 될 수 있답니다.

 **한 문장 정리**

생태계 내에서 생물들 사이에 먹고 먹히는 관계가 사슬처럼 연결되어 있는 것을 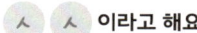 이라고 해요.

먹이 그물

 자연에서는 한 동물이 여러 생물을 먹고, 또 여러 생물에게 잡아먹혀요. 개구리는 포식자로서 파리, 모기, 메뚜기 등을 먹어요. 그리고 파리는 새와 개구리에게 잡아먹힌답니다. 따라서 먹이 사슬을 여러 개 잇다 보면 복잡하게 얽힌 모양이 되는데, 그 모습이 마치 그물과 같다고 해서 '먹이 그물'이라고 불러요.

 생태계는 먹이 그물처럼 복잡하게 얽혀 있기 때문에 갑자기 한 생물이 사라진다고 해서 다른 생물까지 멸종하지는 않아요. 예를 들면, 개구리가 사는 연못에 파리가 모두 사라진다고 하더라도 개구리는 파리가 아닌 모기나 메뚜기 등 다른 생물을 먹으며 살 수 있기 때문에 멸종하지 않을 수 있는 거예요.

 한편 먹이 사슬이나 먹이 그물은 계절이나, 기후적인 변화, 외래종의 유입 등 다양한 원인에 의해 변할 수 있어요. 예를 들어 볼까요? 지구 온난화로 인해 바다의 기온의 상승하면 주로 찬 바다에서 사는 대구는 사는 곳을 옮겨가요. 그러면 대구가 사라진 바다에서 상어는 대구가 아닌 참치나 정어리를 잡아먹게 될 거예요. 그리고 이 과정에서 먹이 그물 전체에 변화가 생기는 것이죠.

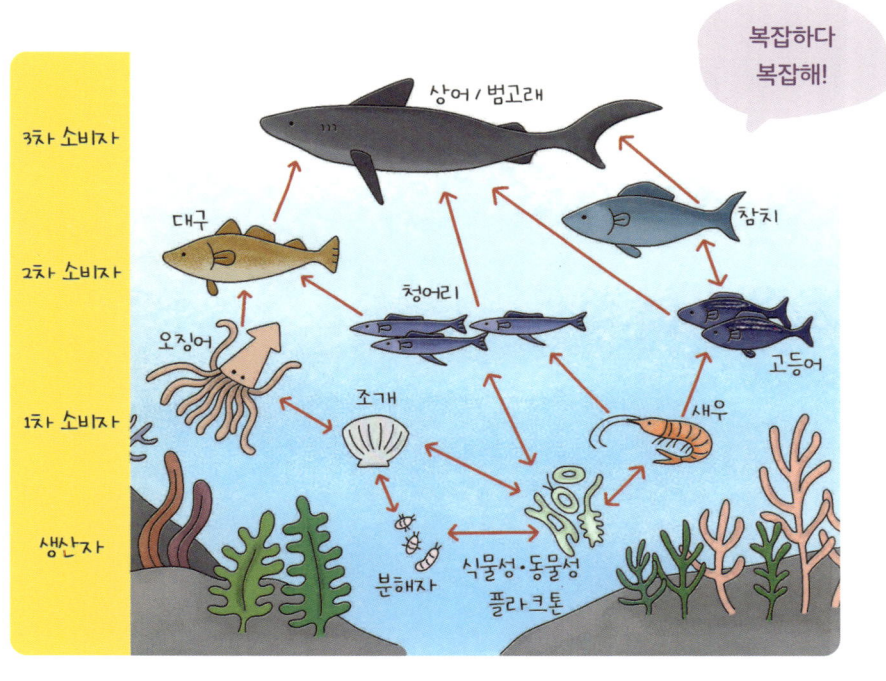

👆 **한 문장 정리**

여러 개의 먹이 사슬이 얽혀 그물처럼 복잡하게 연결되어 있는 것을 ⓜ ⓞ ⓖ ⓜ 이라고 해요.

생태계 평형

생태계의 구성원은 '생산자, 1차 소비자, 2차 소비자, 3차 소비자(최종 소비자)'로 나뉘고 각 구성원의 수는 먹이 단계가 올라갈수록 줄어들어요. 그래서 먹이 단계별로 구성원의 수를 *헤아려 쌓아 올리면 피라미드 모양을 이루는데, 이를 '생태 피라미드'라고 해요.

정상적인 생태 피라미드는 안정된 삼각뿔 모양을 유지하며 생태계 평형을 이루고 있어요. '생태계 평행'이란 어떤 지역에 살고 있는 생물의 종류와 수 또는 양이 균형

우리는 서로 평형을 이루고 있어!

★ 헤아리다 수나 양을 센다는 뜻이에요.

을 이루며 안정된 상태를 유지하는 것을 말해요. 그러나 특정 생물이 갑자기 늘어나거나 줄어들면 생태계의 평형이 깨지기도 해요.

　식물(생산자), 식물을 먹는 사슴(1차 소비자), 그리고 사슴을 사냥하는 늑대(2차 소비자)가 사는 숲을 예로 들어 볼까요? 어느 숲에 맛있는 풀이 많다는 소문이 나면 이를 먹기 위해 주위에서 많은 사슴들이 몰려 들어와 사슴의 수가 늘어날 거예요. 사슴이 늘어난 만큼 그들이 먹어 치우는 풀의 양은 늘어날 테고, 결국 풀은 사라져 버릴지도 몰라요. 그렇게 생태계 평형이 깨져 버리는 것이죠. 하지만 늘어난 사슴을 잡아먹기 위해 몰려든 늑대들로 인해 사슴은 다시 줄어들게 될 거예요. 그렇게 사슴이 줄어들면서 풀은 다시 되살아나요. 또 늑대의 먹이인 사슴이 줄면서 늑대 또한 줄게 돼요. 이렇게 풀과 사슴, 늑대는 서로 조화를 이루며 다시 생태계 평형을 유지하게 되는 것이죠.

👉 한 문장 정리

어떤 지역에 살고 있는 생물의 종류와 수 또는 양이 균형을 이루며 안정된 상태를 유지하는 것을 ⓢ ⓣ ⓖ ⓟ ⓗ 이라고 해요.

환경 오염

한 조사에 따르면 한 사람이 1년 동안 버리는 쓰레기의 양이 평균 121kg에 *달한다고 해요. 전 세계 사람들이 각자 매년 121kg 이상의 쓰레기를 버린다면 지구는 어떻게 될까요? 심각한 환경 오염 때문에 지구의 많은 생물들이 아파하게 될 거예요. 이처럼 사람들의 활동으로 환경이 훼손되는 현상을 '환경 오염'이라고 해요. 그런데 문제는 사람의 힘으로 환경 오염 문제를 쉽게 해결할 수 없다는 것이죠. 사람을 포함한 여러 생물은 주위 환경에 잘 적응하며 조화로운 삶을 살 수 있는 능력을 가지고 있어요. 하지만 이러한 능력이 있어도 수많은 생물들이 목숨을 잃고 순식간에 생태계 전체가 파괴되는 경우가 있지요.

환경은 생물들에게 안락한 보금자리가 되어 주곤 하지만, 한번 오염되어 망가지면 위험한 영향을 줍니다. 생물들이 살아가기 위해서는 풍부한 먹이 외에도 숨을 쉴

★ 달하다 일정한 수나 양 정도 따위에 이르는 것을 말해요.

수 있는 맑은 공기, 마실 수 있는 깨끗한 물, 따뜻한 햇살과 적절한 기온 등 수많은 환경 요소가 필요해요. 사람에 의해 오염된 환경은 수많은 생명을 위협하며 생태계를 파괴하고, 결국 돌고 돌아 사람에게도 큰 피해를 준답니다. 한번 오염된 환경은 다시 깨끗하게 만드는 것이 매우 어렵기 때문에, 우리는 평소 환경을 지키기 위해 꾸준히 노력해야 해요.

👉 **한 문장 정리**

사람들의 활동으로 환경이 훼손되는 현상을 ⓗ ⓖ ⓞ ⓜ 이라고 해요. 오염된 환경을 다시 깨끗하게 만드는 일은 매우 어렵다는 것을 명심해야 해요.

적응

나를 찾을 수 있니?

　사진 속에서 카멜레온을 찾아볼까요? 카멜레온이 무슨 색으로 보이나요? 나뭇잎과 같은 색깔로 보이죠? 카멜레온은 천적으로부터 자신을 보호하기 위하여 몸을 주변 환경과 비슷한 색으로 만들어 숨어 있어요. 이와 같이 수많은 생물들은 살아남기 위하여 주변 환경에 맞춰 스스로 생김새나 생활 방식 등을 바꾸어 왔어요. 이처럼 생물이 주변의 환경에 맞추어 살아가는 것을 '적응'이라고 해요.

헤엄을 잘 치기 위해 물갈퀴가 발달한 오리나 개구리, 주변을 살피기 위해 초음파를 발사하는 박쥐나 돌고래 등 생물들의 모습이나 특징에서 적응의 *흔적을 쉽게 찾아볼 수 있지요. 세계 각지에 사는 사람들도 환경에 따라 다양하게 적응했어요. 산소가 부족한 곳에 사는 사람들은 이를 잘 견딜 수 있도록 유전자가 발달되었고, 추운 곳이나 먹을 것이 부족한 곳에서 살던 사람들은 몸 속에 지방을 저장하는 능력이 더욱 뛰어나다고 해요.

이렇듯 생명은 어려운 환경에서도 적응할 수 있는 아름답고 신비로운 힘을 가졌어요. 그러므로 우리는 끊임없이 적응하며 살아남기 위해 노력하고 있는 주변의 수많은 생명들을 소중히 여기고 보호해야 해요.

★ 흔적 어떤 것이 없어지거나 지나간 뒤에 남은 자국이나 표시를 말해요.

👆 **한 문장 정리**

생물이 주변 환경에 맞추어 살아가는 것을  이라고 해요.

문해력 튼튼

● 다음 글을 읽고, 물음에 답하세요.

펭귄은 어떻게 남극에서 살아갈 수 있을까?

세상에서 가장 추운 곳은 어디일까요? 바로 펭귄들이 사는 남극이에요. 남극의 평균 기온은 영하 34℃이고, 기상 관측 이래 가장 추웠을 때는 영하 89℃였다고 해요. 그런데 이렇게 추운 남극에서 펭귄은 두꺼운 옷도 입지 않은 채 어떻게 살아갈 수 있는 걸까요?

남극의 육지는 대부분 얼음으로 덮여 있어요. 펭귄은 발바닥에 원더 네트라는 특수한 혈관 구조를 갖고 있는데 그 덕분에 동상에 걸리지 않아요. 펭귄은 크릴새우와 오징어, 물고기 등을 먹어요. 먹이는 당연히 바닷물에 들어가서 구해야겠지요? 그런데 바닷물에서 바로 나와도 펭귄의 몸은 얼지 않아요. 펭귄의 깃털에는 나노 구조의 구멍과 특수한 기름 성분이 있어서 털이 방수가 되기 때문이지요.

하지만 아무리 펭귄이라고 해도 혼자서는 추운 겨울을 이겨 낼 수 없어요. 눈보라가 치고 칼바람이 불어 오면 펭귄들은 서로 몸을 밀착해 한 덩어리의 무리를 만들어요. '허들링'이라는 단체 행동이 시작되지요. 이들은 바깥쪽의 펭귄은 안쪽으로, 안쪽의 펭귄은 바깥쪽으로 움직이며 서로의 체온을 나누면서 추위를 이겨 낸답니다.

뭉치면 따뜻하고
흩어지면 춥다!

● 이 글의 내용을 바탕으로 빈칸에 들어갈 말을 써넣으세요.

질문	답
1. 펭귄이 동상에 걸리지 않는 까닭은 무엇인가요?	발바닥에 ◯◯◯◯ 라는 특수한 혈관 구조를 갖고 있기 때문입니다.
2. 바다에서 막 나온 펭귄의 몸이 얼지 않는 까닭은 무엇인가요?	펭귄의 깃털에는 나노 구조의 구멍과 특수한 기름 성분이 있어서 ◯◯ 가 되기 때문입니다.

 방구석 실험실

콩나물 키우기

콩나물을 직접 기르면서 식물이 자라는 데 필요한 비생물 요소에는 무엇이 있는지 생각해 볼까요?

> **준비물**
> 페트병 1개, 탈지면, 칼, 가위, 콩나물, 물, 컵, 어두운 색의 천

● 실험 순서

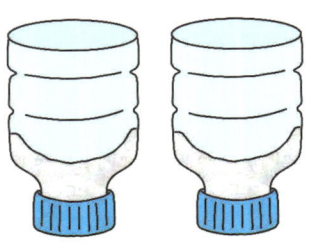

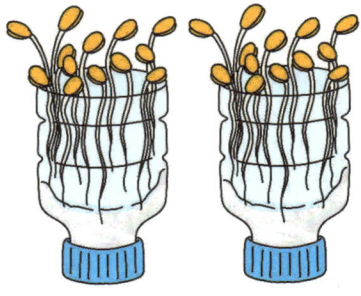

❶ 페트병 2개를 각각 반으로 잘라, 입구 부분을 거꾸로 하여 탈지면을 깔아 주세요. 잘라 낸 페트병의 나머지 부분은 받침대로 사용해요.

❷ 두 페트병에 콩나물을 넣고 물을 주세요.

❸ 하나의 페트병을 어두운 색의 천으로 덮어 햇빛을 가려 주세요. 다른 하나는 햇빛이 잘 드는 곳에 두세요.

❹ 콩나물을 잘 기르고 두 페트병의 콩나물을 비교해 보세요.

● **주의 사항**

콩나물이 잘 자랄 수 있도록 물을 자주 주세요. 이때 두 콩나물에 주는 물의 양은 같아야 해요.

● **실험의 의의**

일반적으로 식물은 태양이 있어야 잘 자라요. 그래서 햇빛이 잘 드는 곳에서 기른 콩나물은 천으로 덮어 기른 콩나물과 달리 녹색을 띠어요. 그런데 태양을 받고 자란 콩나물은 뻣뻣해서 먹을 수가 없답니다.

▲ 햇빛을 쐬고 자란 콩나물

날씨와 생활

날씨가 따뜻하면 옷차림은 가벼워지고,
추우면 옷차림은 두꺼워지죠.
비나 눈이 오면 우산을 쓰고요.
이처럼 날씨는 우리의 생활과 떼려야 뗄 수 없는데요,
신비한 날씨의 세계로 떠나 볼까요?

날씨

날씨는 우리의 일상생활과 뗄 수 없어요. 날씨가 따뜻하면 우리의 옷차림은 가벼워지고, 날씨가 추우면 우리의 옷차림은 두꺼워지죠. 그렇다면 날씨란 무엇일까요?

'날씨'는 그날그날의 대기의 상태를 말해요. 대기의 상태는 구름, 바람, 비와 눈, 서리, 벼락, 우박 같은 것들에 의해 달라져요. 그래서 날씨는 맑고 흐리고 덥고 춥고 건조한 상태를 모두 뜻해요.

날씨를 기상이나 기후라는 말로 표현하기도 해요. '기후'는 장기간의 대기 현상을 뜻하고, '기상'은 시시각각 변하는 대기 현상을 뜻해요. 그래서 우리가 흔히 말하는 날씨는 기상과 비슷한 말이라고 할 수 있어요.

날씨를 예측하는 방법에는 어떤 것이 있을까요? 하늘을 보면 당장의 날씨를 알 수 있긴 하지만 내일의 날씨는 알기 어려워요. 그럴 때 우리는 일기 예보를 활용해요. 기상청에서는 실시간으로 기상 자료를 수집하고 이를 기상 예보관이 분석하지요. 기상 예보관이 분석한 자료를 방송이나 인터넷 등을 통해 전달하는 것이 바로 '일기 예보'예요.

날씨는 변덕쟁이!

👉 **한 문장 정리**

ㄴ ㅆ 란 그날그날의 대기 상태를 말해요. 우리는 ㅇ ㄱ ㅇ ㅂ 를 통해 날씨를 예측할 수 있어요.

습도

장마철, 이유 없이 짜증나고 기분이 나빴던 적 있나요? 그것은 바로 불쾌지수 때문이에요. '불쾌지수'란 온도와 습도를 이용해 사람이 불쾌함을 느끼는 정도를 숫자로 나타낸 것이에요. 온도가 높으면 땀이 나는데, 여기에 습도까지 높으면 땀이 증발되지 않아 몸에 땀이 흐르면서 불쾌한 기분을 느끼게 되지요. 땀을 닦거나 부채를 부치거나 에어컨을 틀어 습도를 낮추면 불쾌함이 줄어든답니다.

이때 '습도'란 공기 중에 수증기가 포함된 정도를 말해요. 공기 중에 수증기가 많을 때 '습하다'라고 하고, 반대로 공기 중에 수증기가 적을 때는 '건조하다'라고 하죠. 이처럼 습도는 공기가 건조하거나 습한 정도를 나타내는 지표랍니다.

습도는 절대 습도와 상대 습도로 나뉘어요. '절대 습도'란, 1m³ 중에 포함된 수증기의 양을 나타낸 거예요. '상대 습도'는 공기가 최대한 포함할 수 있는 수증기량과 현재 수증기량의 비율이에요. 흔히 일기 예보나 일상생활에서 말하는 습도는 상대 습도랍니다. 공기 중에 포함된 수증기량이 많을수록 상대 습도는 높아지고, 공기 중에 포함된 수증기량이 적을수록 상대 습도는 낮아져요.

상대 습도가 100%가 되면 어떤 일이 일어날까요? 습도가 100%에 이르면 공기가 머금지 못한 수증기들이 물로 응결된답니다. 샤워를 하고 나서 화장실 거울을 보면 물이 흐르고 있죠? 이것은 화장실 안에 수증기가 가득 차서 남은 수증기들이 물로 바뀐 것이랍니다.

👆 한 문장 정리

공기 중에 수증기가 포함된 정도를 ㅅ ㄷ 라고 해요. 이는 공기가 건조하거나 습한 정도를 나타내는 지표예요.

건습구 온도계

건습구 온도계를 사용하면 습도를 잴 수 있어요. 건구 온도계와 습구 온도계를 하나로 조합한 것이 건습구 온도계인데요, 건구 온도계는 우리가 일반적으로 알고 있는 온도계로, 공기 중의 온도를 측정해요. 습구 온도계는 아랫부분에 있는 젖은 거즈의 물이 증발하는 정도를 측정해요. 건구 온도계와 습구 온도계의 차이를 이용해 공기 중의 상대 습도를 구할 수 있는 기계가 '건습구 온도계'랍니다.

물은 수증기가 되면서 주위의 열을 빼앗아 가기 때문에 물이 증발될 때는 온도가 내려가요. 습구 온도계 역시 마찬가지예요. 습구 온도계에 있는 물에 적신 거즈는 물이 마르면서

습구 온도계의 아랫부분은 젖은 거즈로 싸여 있어요.

▲ 건습구 온도계

온도계 주위의 에너지를 빼앗지요. 그러면 물이 수증기로 변하면서 습구 온도계 온도가 낮아져요.

 건구 온도계와 습구 온도계의 온도 차를 이용해서 습도를 구할 수 있어요. 두 온도계의 온도 차가 적을수록 습도가 높은 상태랍니다. 건조한 날일수록 물이 더 많이 증발돼서 젖은 거즈가 더 빨리 마르기 때문에 습구 온도계의 온도는 더 낮아져요. 반면 습한 날에는 물이 천천히 증발되면서, 젖은 거즈가 천천히 마르기 때문에 습구 온도계의 온도도 많이 낮아지지 않아요.

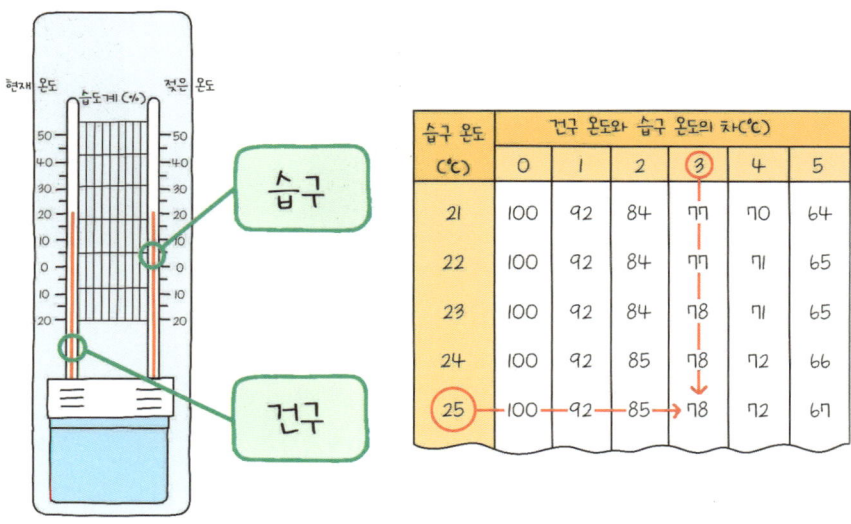

🖑 **한 문장 정리**

건구 온도계와 습구 온도계의 온도 차이를 이용해 습도를 구할 수 있는 기계를 ㄱ ㅅ ㄱ ㅇ ㄷ ㄱ 라고 해요.

응결

여름철, 찬 음료가 담긴 컵 표면에 작은 물방울이 맺히는 것을 본 적이 있나요? 분명히 컵에는 구멍도 없고 물이 새지도 않는 것 같은데 이 물방울들은 어디서 온 것일까요?

컵 표면에 맺힌 물방울의 정체는 바로 공기 중에 있던 수증기랍니다. 공기 중의 수증기가 차가운 컵에 의해 냉각되어 물이 되고, 이 물이 컵 표면에 맺힌 것이지요.

물이 새는 게 아니니까 안심하라고!

이처럼 기체인 수증기가 액체인 물이 되는 현상을 '응결'이라고 해요.

응결은 온도와 관련이 있어요. 따뜻한 공기는 수증기를 많이 머금고 차가운 공기는 수증기를 적게 *머금는데요, 공기가 차가워져 머금을 수 있는 수증기량이 줄어들면 일부 수증기가 물로 변하면서 응결이 일어난답니다.

우리 주변에서 응결의 예를 더 찾아볼까요? 욕실이나 목욕탕 천장에 물방울이 맺힌 것을 본 적이 있나요? 욕실이나 목욕탕은 공기 중에 수증기가 많은, 즉 습도가 높은 장소예요. 수증기가 차가운 벽이나 천장에 닿아 물방울로 맺혀요. 또 겨울철 유리창에 입김을 불면 뿌옇게 김이 서리는 것도 응결로 인해 수증기가 유리창에 물이 되어 맺힌 것이랍니다.

수증기가 공기 중의 물이 되는 응결은 이슬과 안개, 구름 등의 기상 현상과도 관련이 있어요. 이슬과 안개, 구름에 대해 더욱 자세히 알아봅시다.

✱ 머금다 물기를 가지고 있다는 뜻이에요.

👉 한 문장 정리

기체인 수증기가 액체인 물이 되는 현상을  이라고 해요.

이슬

   이른 아침, 풀잎에 맺힌 물방울을 본 경험이 있나요? 전날 밤에 비가 내린 것도 아니고, 누군가 물을 준 것도 아닌데 어떻게 물방울이 생긴 것일까요? 그것은 자연적으로 생긴 물방울, 바로 이슬이랍니다.

   밤에는 햇빛이 비치지 않기 때문에 땅이 점점 차가워져요. 이때 식물 주변의 공기도 차가워지는데 이렇게 되면 공기가 포함할 수 있는 수증기의 양이 줄어들어요. 그러면 공기 중의 수증기가 식물 표면에서 물방울로 맺히게 되는데 이것이 이슬이에요. 간단히 말하면, '이슬'은 공기 중의 수증기가 차가운 물체 표면에서 응결하여 생긴 물방울이에요. 이처럼 이슬은 응결로 인한 기상 현상 중 하나랍니다.

   비가 거의 내리지 않는 지역에서는 이슬이 물을 얻을 수 있는 매우 *귀중한 자원이에요. 실제로 이탈리아의

★ 귀중하다 아주 귀하고 중요하다는 말이에요.

디자이너 아르투로 빗토리가 만든 '와카 워터'는 이슬을 모아 물을 얻는 장치인데요, 이 장치는 물이 부족한 아프리카 지역에서 중요하게 쓰인다고 해요. 와카 워터는 대나무로 만든 큰 탑에 이슬이 잘 맺힐 수 있는 그물을 매달고, 이슬이 그물을 타고 바닥의 그릇으로 떨어져 모이도록 만들어졌어요.

▲ 와카 워터

한 문장 정리

○ㅅ 은 공기 중의 수증기가 차가운 물체 표면에서 응결하여 생긴 물방울이에요.

안개

안개 낀 모습을 본 적 있나요? 안개를 보며 여러분은 무슨 생각을 했나요? 자연 풍경과 어우러진 안개를 보며 아름다움을 느낀 사람도 있고, 도로에 낀 안개로 인해 차가 막히거나 천천히 이동하는 바람에 불편함을 느낀 사람도 있을 거예요. 그렇다면 안개는 어떻게 만들어지며 어떤 곳에서 자주 발생할까요?

'안개'는 공기 중의 수증기가 지표면 가까이에서 응결하여 작은 물방울 상태로 공중에 떠 있는 것이에요. 안개도 이슬처럼 응결로 인한 기상 현상 중 하나이지요. 수증기가 작은 물방울이 되어 공기 중에 떠 있기 때문에 안개가 낀 날에는 먼 곳이 잘 보이지 않아요.

안개는 주로 낮과 밤의 온도 차이가 크고 하천, 호수, 바다 등과 같이 수증기가 발생하기 쉬운 곳에 잘 생겨요. 응결 현상이 잘 일어나기 위해서는 온도 변화가 크고 공기 중에 수증기가 많아야 하기 때문이에요.

안개는 주변을 잘 보이지 않게 하는 불편함을 주지만

우리 몸에 직접적인 피해를 주지는 않아요. 하지만 대기 오염이 심한 도시 속 안개는 인체에 해를 끼치는 스모그가 될 수 있어요. '스모그(smog)'는 연기(smoke)와 안개(fog)를 합친 단어로, 안개가 대기 오염 물질과 뒤엉켜 공기 중에 낮게 떠 있는 것을 말해요. 그러다 보니 우리가 숨을 쉴 때 오염 물질도 같이 들이마시게 되어 인체에 좋지 않은 영향을 미친답니다.

👆 한 문장 정리

ㅇ ㄱ 는 공기 중의 수증기가 지표면 가까이에서 응결하여 작은 물방울 상태로 떠 있는 것이에요.

구름

하늘에 떠 있는 구름도 응결로 인해 발생하는 기상 현상이에요. 구름이 발생하는 원리는 안개가 생기는 원리와 같죠. 그럼 구름과 안개의 차이는 무엇일까요? 바로 발생하는 위치가 다르답니다. 지표면 근처에 낮게 떠 있는 작은 물방울은 안개이고, 높은 곳에 떠 있는 작은 물방울은 '구름'이에요. 즉, 안개와 구름은 발생하는 위치에 따라 정해진답니다.

그런데 구름은 어떻게 계속 떠 있는 것일까요? 구름을 이루는 물방울은 크기가 매우 작아서 물방울 백만 개 정도가 모여야 겨우 1g 정도가 돼요. 이처럼 매우 가벼운 물방울은 1초에 겨우 몇 센티미터밖에 떨어지지 않으며, 또 위로 올라오는 공기로 인해 다시 올라간다고 해요. 이런 원리로 구름은 계속 하늘에 떠 있을 수 있어요.

👆 **한 문장 정리**

높은 곳에 떠 있는 작은 물방울들을 ㄱ ㄹ 이라고 해요. 안개와 발생하는 원리가 같답니다.

눈과 비

구름을 이루는 작은 물방울들이 뭉쳐 무거워지면 땅으로 떨어지는데, 이것이 날씨에 따라 물방울로 떨어지면 '비'가 되고 얼음 알갱이로 떨어지면 '눈'이 돼요.

비가 만들어지는 과정은 지역에 따라 조금 달라요. 먼저 위도가 낮은 적도 주변의 더운 지역에서는 구름의 온도가 0℃보다 높아 작은 물방울들이 액체 상태로 존재해요. 이 물방울들이 서로 충돌하거나 응결하여 크기가 점점 더 커지고, 마침내 무거워진 물방울은 땅으로 떨어지는데 이것이 바로 비예요.

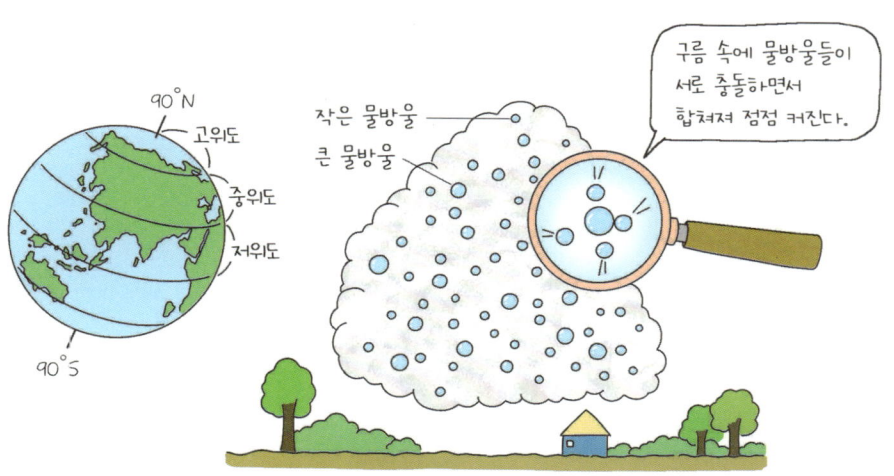

한편 중위도와 고위도 지역에서는 구름의 온도가 0℃보다 낮아요. 물은 0℃보다 낮은 온도에서 얼음으로 얼게 되죠. 그래서 중위도와 고위도 지역의 구름 속에는 작은 얼음 알갱이가 존재하는데 이를 '빙정'이라고 해요. 이 빙정이 수증기의 응결로 인해 점점 커지고 무거워지면 떨어지는데, 이때 지표 근처 기온이 0℃보다 높으면 빙정이 녹아 물이 되어 떨어져요. 이것이 중위도와 고위도 지역의 비가 만들어지는 방법이에요.

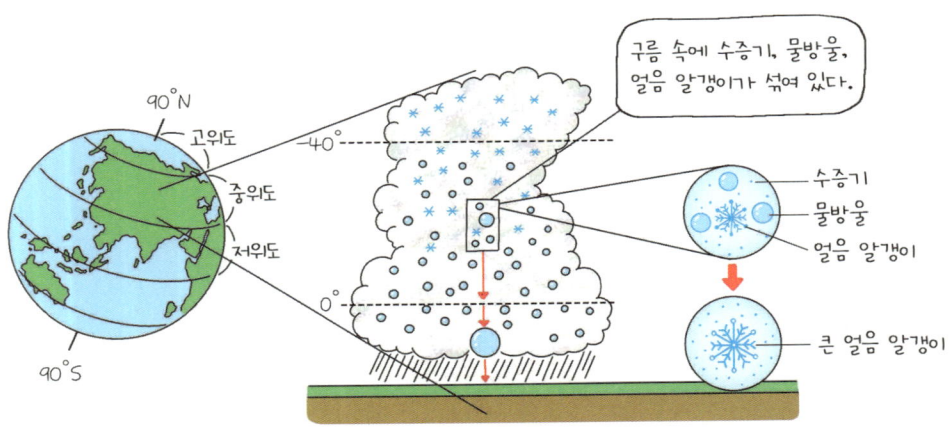

그런데 지표 근처 기온이 0℃ 이하로 추울 때에는 빙정이 녹지 않고 그대로 떨어지는 경우가 있어요. 이를 눈이라고 하죠.

우리가 살아가는 데 물은 꼭 필요해요. 우리가 사는 지구에 계속해서 물이 있을 수 있는 것은 물이 순환하기 때문이에요. 바닷물이 증발하여 구름이 되고, 다시 비와 눈이 되어 내리며 물이 순환하지요. 그래서 비와 눈이 내리지 않으면 물을 구하기 힘들어져서 생물뿐만 아니라 사람까지도 목숨을 잃을 수 있어요. 비와 눈이 얼마나 소중한 존재인지 이제 알 수 있겠죠!

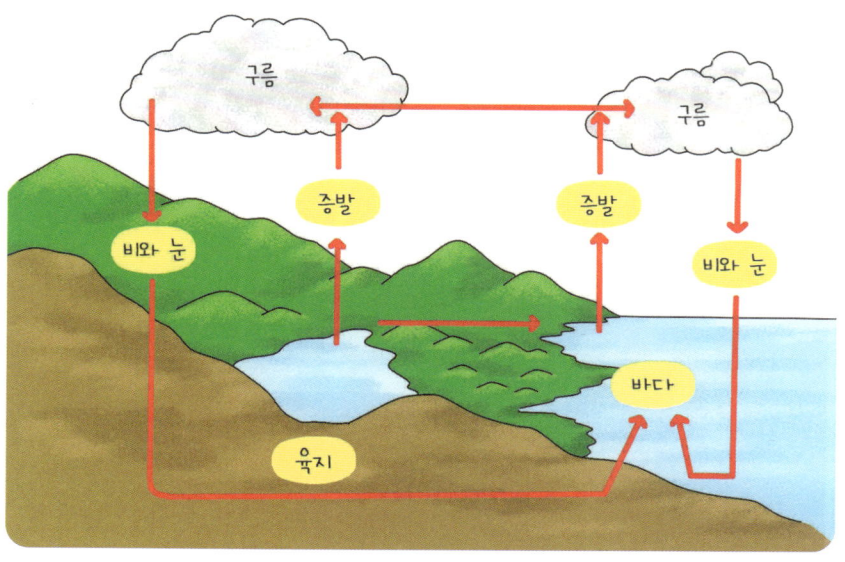

👆 한 문장 정리

구름 속 얼음 알갱이가 녹지 않고 떨어지면 ㄴ 이 되고, 물방울 그대로 떨어지거나 얼음 알갱이가 떨어지다 녹으면 ㅂ 가 돼요.

고기압과 저기압

우리가 사는 지구는 공기로 둘러싸여 있어요. 잘 느껴지진 않지만, 공기도 무게를 가지고 있다는 사실을 알고 있었나요? 그래서 지구상에는 공기가 누르는 압력인 '기압'이 존재해요.

우리는 살아가면서 기압을 잘 느끼지 못해요. 하지만 높은 산에 올라가거나 비행기를 타면 귀가 *먹먹해지는 것을 느껴 본 적 있을 거예요. 귀가 먹먹해지는 것은 바로 기압이 낮아지기 때문에 생기는 현상이랍니다.

기압을 처음 발견한 사람은 이탈리아의 과학자 토리첼리예요. 그리고 프랑스의 과학자 파스칼은 고도와 기압의 관계를 발견했지요. 기압을 발견한 과학자들의 공로를 기리기 위해 이 과학자들의 이름을 기압의 단위로 사용한답니다. 기압의 단위로는 토리첼리(Torr), 파스칼(Pa), 밀리바(mb) 등이 있어요.

★ **먹먹해지다** 귀가 막힌 듯이 소리가 잘 들리지 않게 되는 것을 말해요.

기압은 주변보다 공기의 양이 더 많아서 상대적으로 기압이 높은 곳을 뜻하는 '고기압'과 주변보다 공기량이 적어서 기압이 낮은 곳인 '저기압'으로 나눌 수 있어요.

고기압과 저기압은 태양열에 의해 발생합니다. 태양열에 의해 따뜻해진 공기는 가벼워져 위로 올라가요. 이렇게 공기가 빠져나간 자리가 저기압이 되지요. 반대로 공기가 높이 올라가 열을 빼앗기고 무거워지면 아래쪽으로 내려와서 빈 자리를 채워요. 이렇게 공기가 많이 모이면 압력이 높아져서 고기압이 되지요.

어느 두 지점 사이에서 기압 차이가 생기면 공기는 공기가 많은 곳에서 적은 곳으로 흘러요. 즉 고기압에서 저기압으로 이동해요. 이처럼 기압 차이로 공기가 이동하는 것을 '바람'이라고 해요.

고기압인 지역에서는 위에 있던 모여 있던 공기가 내려오면서 따뜻해지므로 맑은 날씨가 나타나요. 이때 공기가 내려오면서 바람은 시계 방향으로 불어요.

저기압인 지역에서는 아래쪽에 모여 있던 주변의 공기들이 반시계 방향으로 모여서 위로 올라가지요. 위로 올라간 공기 중의 수증기들이 모여 응결하면서 구름이 만들어져서 날씨가 흐려지고 비나 눈이 내리기도 해요.

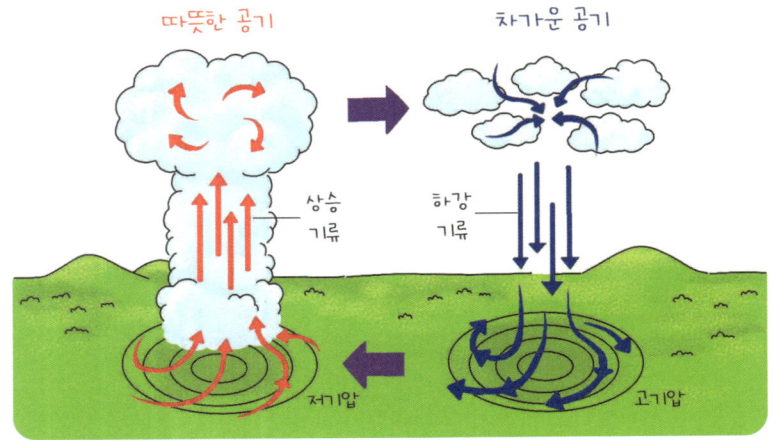

👉 **한 문장 정리**

공기가 누르는 압력을 ㄱ ㅇ 이라고 하고, 주변보다 상대적으로 기압이 높은 곳은 ㄱ ㅇ , 낮은 곳은 ㅈ ㄱ ㅇ 이라고 해요.

육풍과 해풍

　무더운 여름날, 해수욕장에서 놀았던 기억을 떠올려 보세요. 낮에는 모래가 바닷물보다 더 따뜻했지만, 저녁이 되면 바닷물과 모래의 온도가 정반대로 변했던 경험을 한 적이 있을 거예요. 그 이유는 모래가 바닷물보다 더 빨리 데워지고 더 빨리 식기 때문이랍니다.

　수면이 지면보다 느리게 데워지는 까닭은 첫째, 물은 파도에 의해 계속 섞이거나 흐르기 때문에 온도가 쉽게 올라가지 않기 때문이고, 둘째, 물이 데워지면 물 표면이 증발하면서 열을 떨어뜨리기 때문이에요.

　육지와 바다의 온도 변화에 따라 바닷가에서 부는 바람의 방향은 낮과 밤이 다르답니다. 낮에는 육지가 바다보다 온도가 높으므로 육지 위는 저기압, 바다 위는 고기압이 돼요. 따라서 바람은 바다에서 육지로 불지요. 이렇게 바다에서 육지로 부는 바람을 '해풍'이라고 해요.

　반대로 밤에는 바다가 육지보다 온도가 높으므로 바다 위는 저기압, 육지 위는 고기압이 돼요. 따라서 바람은 육지에서 바다로 불어요. 이렇게 육지에서 바다로 부는 바람을 '육풍'이라고 해요.

바다와 육지의 온도 차이로 발생한 해풍과 육풍을 활용하여 해양 풍력 발전소를 짓기도 하지요. 해풍과 육풍의 바람을 연료로 사용하면 *청정에너지를 만들 수 있어요.

★ 청정에너지 맑고 깨끗한 에너지를 말해요.

👉 한 문장 정리

바다에서 육지로 부는 바람을 ㅎ ㅍ 이라고 하고, 육지에서 바다로 부는 바람을 ㅇ ㅍ 이라고 해요.

기단

우리나라는 봄, 여름, 가을, 겨울 계절에 따라 기후가 바뀌어요. 계절마다 기후가 다르게 나타나는 이유는 기단의 영향 때문이에요. '기단'이란 일정 규모 이상의, 성질이 같은 공기 *덩어리를 말해요. 어떠한 장소에서 일정한 성질을 가진 공기가 오랫동안 넓은 땅이나 바다에 머무르면 공기 덩어리인 기단이 된답니다. 즉 기단이란 기온과 습도 등의 성질이 일정한 거대한 공기 덩어리예요. 이러한 기단은 주로 고기압이 *지배하고 있는 지역에서 형성되지요.

기단은 우리나라의 각 계절의 날씨에 영향을 주는데, 그렇게 나타나는 그 날씨의 평균적인 상태를 '기후'라고 해요. 모두들 알다시피 지구의 극지방은 매우 춥고, 한가운데 있는 적도 지역은 매우 뜨거워요. 그래서 적도 지역에서 생긴 기단은 따뜻한 성질을 지니고, 극 지역에

★ 덩어리 크게 뭉쳐서 이루어진 것을 말해요.
★ 지배하다 큰 영향을 미치는 것을 말해요.

서 생긴 기단은 차가운 성질을 가져요. 또한 바다에서 생긴 기단은 공기 중에 수증기가 많아 습기가 많고, 육지에서 생긴 기단은 공기 중에 수증기가 적어서 건조하답니다.

우리나라에 영향을 주는 기단들을 살펴볼까요? 먼저 오호츠크해 기단은 맑은 바람을 불게 해 미세 먼지를 몰아내 줘요. 또 초여름 북태평양 기단을 만나 장마를 일으키지요.

북태평양 기단은 따뜻하고 습기가 많은 기단이에요. 북태평양 기단의 영향이 세질 때 우리나라는 무더위와 열대야가 기승을 부리고, 습도가 80%를 넘기도 한답니다.

적도 기단은 여름에 태풍이 우리나라를 향해 다가올 때 일시적으로 영향을 주는 기단이에요.

양쯔강 기단은 봄과 가을에 우리나라에 영향을 미치는 따뜻하고 건조한 성질을 가진 기단이에요. '이동성 고기압'이라고 하기도 해요.

시베리아 기단은 겨울철에 시베리아 지역에서 생겨난 차갑고 건조한 공기 덩어리예요. 시베리아 기단은 날씨에 따라 힘이 세지기도 하고 약해지기도 해요. 겨울철에

3일은 춥고 4일은 따뜻한 삼한 사온 현상은 바로 시베리아 기단의 변덕이 원인이랍니다. 초봄에 따뜻하던 날씨가 갑자기 추워지는 꽃샘추위가 바로 시베리아 기단이 일시적으로 힘이 강해질 때 생기는 현상이에요.

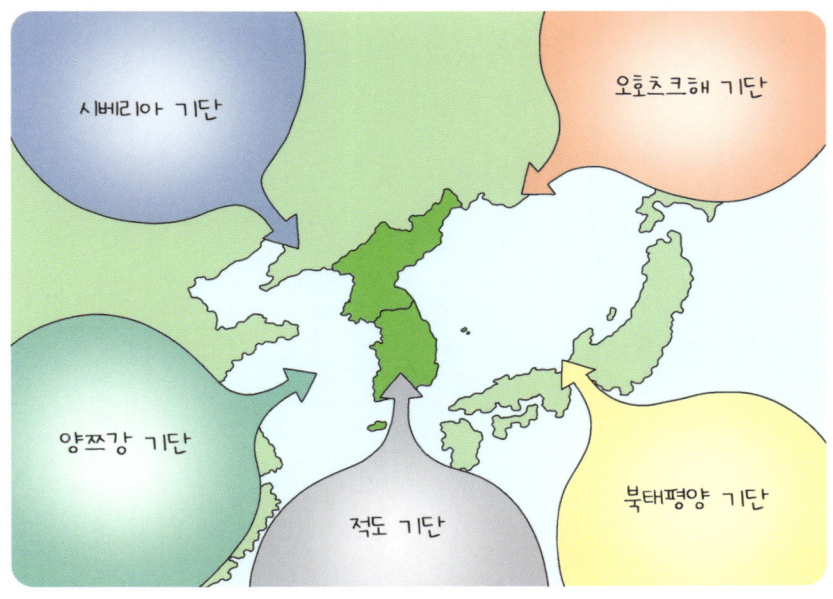

▲ 우리나라에 영향을 주는 기단들

👆 한 문장 정리

일정 규모 이상의, 성질이 같은 공기 덩어리를 ㄱ ㄷ 이라고 해요. 우리나라의 날씨는 이것의 영향을 받아 계절별로 다른 특징을 보여요.

● 다음 글을 읽고, 물음에 답하세요.

눈 결정은 왜 육각형 모양일까?

오래 전 미국에 벤틀리라는 소년이 살았어요. 벤틀리는 어린 시절 어머니께 선물받은 현미경으로 눈을 관찰하곤 했답니다. 평생을 눈의 결정을 들여다보는 일에 몰두한 그는 눈이 육각형 모양을 기본 구조로 하고 있음을 밝혀냈죠.

그렇다면 눈 결정은 왜 육각형 모양일까요? 이 육각형 구조는 얼음 결정에 있는 물 분자의 배열로 만들어지는데요, 물 분자는 두 면이 만나는 모서리에서 더 잘 달라붙어요. 이 때문에 눈은 각진 모양을 이루고, 이때 가장 안정적인 모양인 육각형을 이루어요. 즉 눈 결정은 물 분자가 안정적인 모양으로 배열해 얼어붙은 것이라고 할 수 있지요.

눈 결정은 육각형이 기본 형태이지만 판형, 별 모양, 기둥형, 바늘형, 나뭇가지형, 장구형 등 다양한 형태로 만들어져요. 이때 눈 결정의 모양은 온도와 습도가 결정한답니다.

일본의 물리학자 나카야 우키치로는 눈 결정이 커지는 방식은 구름의 온도와 습도에 따라 달라진다는 것을 밝혀냈어요. 그가 제작한 눈 결정 형태학 도표에 따르면 눈 결정은 사실 -15℃ 근처의 좁은 온도 범위와 높은 습도 조건에서 커진다는 것을 알 수 있어요. 같은 온도 조건에서 습도가 낮아지면 육각형의 가지가 단순해지다가 결국 얇은 육각 판 모양이 되고, 습도가 높을 때에는 더 정교한 가지가 달린 결정이 돼요. 재미있는 점은 눈 결정이 왜 이런 방식으로 성장하는지 아직 밝혀내지 못했다는 것이에요.

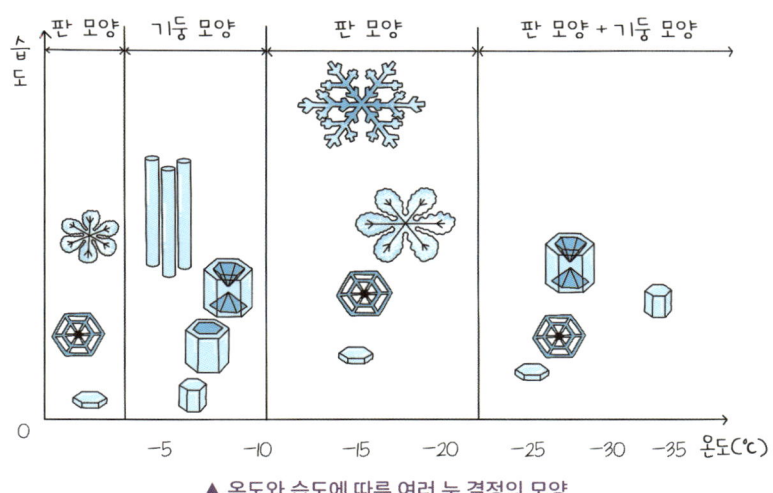

▲ 온도와 습도에 따른 여러 눈 결정의 모양

● 눈의 결정은 기본적으로 어떤 모양인가요?

● 눈 결정이 커지는 방식에 영향을 주는 것은 무엇인가요?

셀로판지 습도계 만들기

우리 주변에서 쉽게 구할 수 있는 재료로 간단한 습도계를 만들어 볼까요?

> **준비물**
> 셀로판지, 눈금 종이, 마분지, 침핀, 자, 실, 가위, 지우개, 셀로판테이프

● **실험 순서**

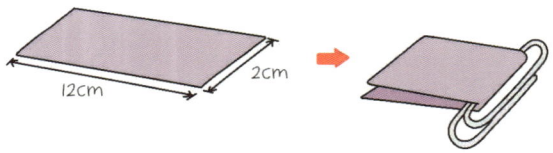

❶ 셀로판지를 가로 2cm, 세로 12cm로 자르고, 클립을 끼워 반으로 접어요.

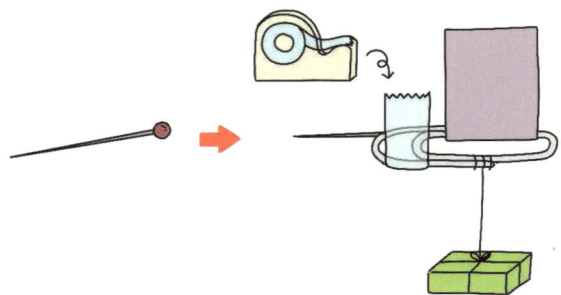

❷ 실로 지우개를 묶어 클립에 매단 후, 침핀을 셀로판테이프로 클립에 붙여요.

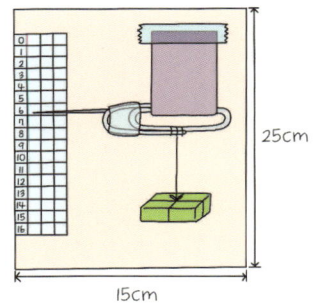

❸ 마분지를 가로 15cm, 세로 25cm로 잘라요. 눈금 종이를 마분지에 붙이고, 셀로판지의 윗부분을 눈금 종이의 0부분에 맞춰 붙여요.

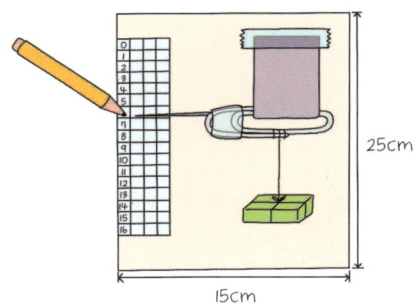

❹ 수평 상태에서 핀이 가리키는 곳을 표시하고, 날씨가 좋은 날과 비가 오는 날의 셀로판지 길이를 비교해 보세요.

● 실험의 의의

습도가 높은 날에는 습도가 낮은 날보다 셀로판지가 더 늘어나요. 셀로판지가 공기 중의 수분을 흡수하면 늘어나는 성질을 이용한 실험이랍니다.

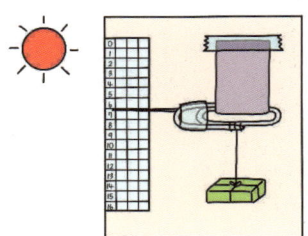 

4

물체의 운동

운동을 하면 건강해진다는데,
이상하게 막상 운동을 하려고 하면 하기 싫죠?
그런데 어쩌면 우리는 항상 운동을 하고 있는지도 몰라요.
과학에서 말하는 '운동'은 조금 특별하니까요.

운동

여러분은 '운동'이라는 말을 들으면 어떤 것이 떠오르나요? 농구나 축구 같은 운동 종목, 아니면 달리기나 줄넘기? 여러분이 떠올린 몸을 움직이는 활동은 모두 운동이 맞지만, 과학 시간에 배우는 운동은 조금 달라요.

과학에서는 물체의 운동에 대해 다루는데요, 물체의 '운동'이란 물체의 위치가 시간이 지남에 따라 변하는 것을 말해요. 우리 주변에서 운동하는 물체와 운동하지 않는 물체를 찾아볼까요?

운동장에 있는 철봉, 벤치 등은 시간이 지나도 위치가 바뀌지 않는, 즉 운동하지 않는 물체예요. 하지만 운동장에서 축구하는 친구들, 굴러가는 공, 하늘을 나는 비행기 등은 시간에 따라 위치가 변하는, 즉 운동하는 물체이지요.

물체마다 운동하는 모습은 달라요. 놀이공원에서 볼 수 있는 회전목마는 일정한 빠르기로 움직이는 반면에 롤러코스터는 오르막에서는 천천히 움직이다가 내리막에서는 빨리 움직여요.

물체의 운동은 물체가 이동하는 데 걸린 시간과 이동 거리로 나타내요. 예를 들어 설명하면, 100m 달리기를 할 때 골인 지점에 빨리 들어온 친구일수록 100m를 더 빠르게 달린 것이죠. 만약 민호가 100m를 달리는 데 20초가 걸렸다면, 우리는 "민호는 20초 동안 100m를 이동하는 운동을 했어요."라고 표현할 수 있어요.

 한 문장 정리

물체의 위치가 시간이 지남에 따라 변하는 것을 물체의 ㅇ ㄷ 이라고 해요.

위치

앞서 물체의 운동이란 물체의 위치가 시간이 지남에 따라 변하는 것이라고 했어요. 여기에서 말하는 '위치'란 일정한 곳에 자리를 차지하고 있는 것 또는 그 자리를 나타내는 말이에요. 시간이 지남에 따라 위치가 변하는 물체는 운동하는 물체이고, 시간이 지남에도 위치가 변하지 않는 물체는 운동하지 않는 물체예요. 아래 두 그림에서 위치가 변한 바이킹은 운동을 하였고, 위치가 변하지 않은 아이와 매표소는 운동하지 않았다고 할 수 있어요.

👉 **한 문장 정리**

일정한 곳에 자리를 차지하고 있는 것 또는 그 자리를 ㅇ ㅊ 라고 해요.

빠르기가 변하는 운동

주변에서 볼 수 있는 물체의 대부분은 빠르기가 변하는 운동을 해요. 빠르기가 변한다는 것은 속도가 점점 빨라지거나 점점 느려지는 것 또는 빨라졌다가 느려지는 것을 말해요. 여러분도 학교에 갈 때 빨리 가다가 천천히 가기도 하지요? 또 엘리베이터도 빠르기가 변하는 운동을 해요. 출발할 때는 점점 빠르게 움직이다가 멈출 때가 되면 천천히 느려지다가 멈추지요. 자동차 역시 시동을 걸고 나서 가속 페달을 밟으면 점점 빨라져요. 그리고 신호가 바뀌거나 횡단보도를 만나면 브레이크를 밟아 빠르기를 낮춘 뒤에 천천히 멈추지요.

길을 가다 횡단보도를 만나면 빠르게 걷다가도 일단 멈춰 서야 해요.

👆 **한 문장 정리**

우리 주변의 물체들은 대부분 ㅃ ㄹ ㄱ 가 변하는 운동을 해요. 점점 빠르게 움직이거나 느리게 움직이기도 하고 빨라졌다가 느려지기도 해요.

빠르기가 일정한 운동

　우리 주변에는 일정한 빠르기로 움직이는 물체들, 즉 빠르기가 일정한 운동을 하는 것들도 있어요. 빠르기가 일정한 운동은 의도적으로 만든 물체 외에서는 찾아보기 어려워요.

　에스컬레이터를 자세히 관찰해 본 적 있나요? 에스컬레이터는 일정한 빠르기로 움직인답니다. 시간이 지나도 움직이는 속력이 변하지 않아요. 같은 시간 동안에 같은 거리만큼 이동하지요.

　공항의 무빙워크도 일정한 빠르기로 움직이는 물체예요. 무빙워크는 무거운 가방을 가진 사람이 걷지 않아도 되게끔 도와주지요. 무빙워크의 빠르기가 일정하기 때문에 사람들은 안정감을 가지고 이용할 수 있어요.

　헬스장에도 빠르기가 일정한 기구가 있어요. 바로 러닝머신이에요. 러닝머신에 속도를 입력하고 나면, 그 이후에는 입력한 속도대로 러닝머신 벨트가 움직여요.

▲ 에스컬레이터

▲ 무빙워크

▲ 러닝머신

 한 문장 정리

우리 주변에는 빠르기가 ⓞ ⓩ ⓗ 운동을 하는 물체도 있어요. 이들은 대부분 우리가 의도적으로 만든 물체랍니다.

속력

　물체의 빠르기는 어떻게 비교할 수 있을까요? 두 물체가 같은 거리를 이동했다면 시간이 적게 걸린 물체가 더 빠르다고 할 수 있어요. 가령 100m를 달리는 데 캥거루는 6초, 사람은 15초가 걸렸다면 캥거루가 사람보다 더 빨랐다고 할 수 있어요.

　두 물체가 같은 시간 동안 이동한다면 더 많은 거리를 이동한 물체가 더 빠르다고 할 수 있습니다. 30초 동안 개는 580m를, 토끼는 535m를 이동했다면 더 먼 거리를 이동한 개가 토끼보다 더 빠르다고 말할 수 있죠.

이처럼 두 물체가 같은 거리를 이동하거나 같은 시간 동안 이동할 때에는 빠르기를 쉽게 비교할 수 있어요. 하지만 이동 거리와 이동 시간이 다른 두 물체의 빠르기는 어떻게 비교할 수 있을까요? 이때 우리는 속력을 계산하여 빠르기를 비교할 수 있어요. '속력'은 1초, 1분, 1시간과 같은 단위 시간 동안 물체가 이동한 거리를 말하는데요, 다음 식을 통해 구할 수 있어요.

> 속력=이동 거리÷이동에 걸린 시간

개는 580m를 30초 동안 이동하였으므로 개의 속력은 580m÷30초=약 19.3m/s예요. 이때 'm/s'[미터 퍼 세컨드]는 속력의 단위로 'm'은 거리인 미터를, '/'는 나누기를, 's'는 시간인 초를 나타내요. 속력의 단위는 'm/s' 외에도 여러 가지가 있답니다.

👍 **한 문장 정리**

───────────────

속력 은 단위 시간 동안 물체가 이동한 거리를 말해요. 이동 거리를 이동에 걸린 시간으로 나누면 구할 수 있어요.

속력의 단위

「초속 5센티미터」라는 제목의 애니메이션 영화가 있어요. 바로 벚꽃이 땅에 떨어지는 속력이 '초속 5센티미터'라고 하는데요, 이것이 어느 정도의 빠르기일까요?

속력의 단위에는 'km/h, m/min, m/s' 등이 있어요. '1km/h'는 1시간 동안 1km를 이동하는 빠르기를 나타내고 '일 킬로미터 퍼 아워' 또는 '시속 일 킬로미터'라고 읽어요. '1m/min'은 1분 동안 1m를 이동하는 빠르기로 '일 미터 퍼 미니트' 또는 '분속 일 미터'라고 읽어요. '1m/s'는 1초 동안 1m를 이동하는 빠르기로 '일 미터 퍼 세컨드' 또는 '초속 일 미터'라고 읽지요.

그렇다면 벚꽃이 땅에 떨어지는 속력 '초속 5센티미터'는 어느 정도의 빠르기일까요? 초속 5센티미터(5cm/s)는 1초 동안 5cm를 이동할 수 있는 빠르기예요. 즉 벚꽃은 1초에 5cm씩 이동하며 땅으로 떨어지는 것이죠.

물체의 속력에 대해 더 알아볼까요? 육상 동물 중 가장 빠른 동물로 알려진 치타의 속력은 무려 112km/h라고 해요.

총알의 속력은 치타보다 더 빠른 1km/s라고 해요. 1초만에 1km를 간다니 정말 빠르죠. 그런데 로켓은 총알보다 더 빨라요. 로켓의 속력은 대략 10km/s로 눈 깜짝할 사이에 10km를 날아가요.

그러나 로켓보다도 더 빠른, 속력의 절대 강자는 따로 있어요. 바로 빛입니다. 빛의 속력은 무려 30만km/s예요. 30만km는 지구를 7바퀴 반 돌 수 있는 거리랍니다. 즉 빛의 속력은 1초에 지구를 7바퀴 반이나 돌 수 있는 빠르기예요. 우리가 알고 있는 것 중에서 가장 빠른 것은 빛이랍니다.

👆 한 문장 정리

속력의 단위에는 km/h, m/min, m/s 등이 있어요. 우리가 알고 있는 것 중에서는 ㅂ 이 제일 빠르답니다.

이동 시간

물체의 속력은 이동 거리와 이동에 걸린 시간과 관련이 있어요. 이 중에서 먼저 속력과 시간의 관계를 알아봅시다.

100m 달리기와 수영, 자동차 경주 등은 빠르기를 겨루는 스포츠예요. 같은 거리를 달리고, 수영하고, 운전해서 더 빠르게 결승선을 통과하는 사람이 이기는 경기이지요. 이렇게 일정한 거리를 이동한 물체의 빠르기는 이동하는 데 걸린 시간을 비교하면 어떤 물체가 더 빠른지 알 수 있어요. 이동하는 데 걸린 시간이 짧을수록 더 빠른 물체이지요.

속력과 시간의 관계를 알면 생활 속에서도 활용할 수 있어요. 길을 알려 주는 내비게이션은 어떻게 도착 예정 시간을 계산할까요? 내비게이션은 기본적으로 속력과 이동 거리를 이용하여 도착 예정 시간을 계산합니다. 예를 들어 60km/h의 속력으로 달리는 자동차로 120km를 이동하는 데 걸리는 시간은 얼마일까요? 1시간에 60km를 이동하므로 2시간이면 120km를 갈 수 있지요. 이를 식으로 나타내면 120km(이동 거리)÷60km/h(속력)=2h(걸린 시간)과 같이 나타낼 수 있어요.

걸린 시간=이동 거리÷속력

여러분도 여러분의 걷는 속력과 이동 거리를 이용하여 집에서 학교까지의 도착 예정 시간을 계산해 볼까요?

현재까지 세상에서 가장 빠른 사람은 100m 달리기 세계 신기록 보유자인 '우사인 볼트'예요.

👆 **한 문장 정리**

일정한 거리를 이동한 물체의 빠르기는 이동  이 짧을수록 더 빠르다고 할 수 있어요.

이동 거리

다음 문제를 해결하며 물체의 속력과 거리의 관계에 대해 알아봅시다.

> 아기 돼지 삼 형제는 늑대가 나타날 것을 미리 알고 달아나기 위하여 첫째는 자전거, 둘째는 인라인스케이트, 셋째는 킥보드를 타고 이동하였습니다. 30분 뒤 이를 알아챈 늑대는 가장 느린 아기 돼지를 쫓아가려 합니다. 늑대는 삼 형제 중 어떤 아기 돼지를 쫓아갈까요?

이동한 시간이 같은 물체의 빠르기는 이동 거리를 비교하면 알 수 있어요. 이동한 거리가 멀수록 더 빠른 물체라고 할 수 있지요.

아기 돼지들의 이동 거리가 아래 그림과 같다면 셋째 돼지의 이동 거리가 가장 짧으므로, 셋째 돼지의 속력이 가장 느려요. 따라서 늑대는 속력이 가장 느린 셋째 아기 돼지를 쫓아가려 하겠네요.

👆 한 문장 정리

일정한 시간 동안 이동한 물체의 빠르기는 이동  가 멀수록 더 빠르다고 할 수 있어요.

속력과 관련된 안전장치

　자동차는 편리한 이동과 운송을 위해서 개발되었어요. 그러나 자동차가 많아지고 빨라지면서 사고도 늘어났어요. 여러분도 교통사고에 관한 뉴스나 기사를 본 적 있지요? 그래서 자동차에는 탑승자를 안전하게 보호하고 사고를 예방하기 위한 다양한 장치, 즉 '안전장치'가 필요해요.

　자동차 안전장치 중에서 가장 쉽게 볼 수 있는 것은 안전띠예요. 운행 중에 생기는 충격으로부터 탑승자를 보호하기 위해 좌석에 설치하는 장치랍니다. 안전띠는 가장 기본적인 안전장치예요. 그래서 다른 장치가 있더라도 안전띠를 착용하지 않으면 부상의 위험이 크다고 해요.

　달리던 자동차가 정면이나 측면에서 충돌할 때 차에 타고 있는 사람을 보호하기 위해 팽창되는 공기 주머니가 바로 에어백이에요. 에어백은 핸들, 양 옆 창문 근처 등에 숨어 있답니다. 에어백이 교통사고 사망률을 13%로 줄여 준다는 연구 결과도 있을 만큼 매우 중요한 안전장치랍니다.

자동차 앞부분에 있는 범퍼도 안전장치예요. 범퍼는 약한 재질로 만들어져있어요. '자동차를 약한 *재질로 만들어도 돼?'라고 생각할 수도 있지만, 약한 재질로 만들어진 범퍼는 충돌했을 때 찌그러지면서 충격을 흡수해요. 범퍼가 찌그러지면서 차 안에 있는 사람은 충격을 덜 받게 되지요.

자동차에는 ESP라는 전자적 자체 제어 장치도 있어요. ESP는 여러 가지 센서를 활용하여 갑자기 장애물이 나타나거나 빙판길 등의 상황일 때 속력을 조절하거나 바퀴를 제어하여 자동차가 미끄러지는 것을 방지해요. ESP는 에어백이나 안전띠와는 달리 사고를 미리 예방하는 *능동적인 안전장치예요.

✱ **재질** 재료가 가지는 성질을 말해요.
✱ **능동적** 스스로 움직이는 것을 말해요.

 한 문장 정리

자동차에는 탑승자의 안전과 사고 예방을 위한 다양한 ⓞ ⓩ ⓩ ⓒ 가 있어요.

문해력 튼튼

● 다음 글을 읽고, 물음에 답하세요.

비행기의 속력은 어떻게 잴까?

자동차는 빨리 달리면 사고가 날 수 있어서, 도로에는 과속 단속 구간이 있어요. 비행기가 다니는 하늘에도 그런 구간이 있어요. 땅에서 3,500m 높이에서는 시속 463km보다 천천히 가야 해요. 빨리 간다고 벌금을 내는 것은 아니지만 대부분의 비행기는 안전을 위해서 시속 463km의 빠르기를 지킨다고 해요.

▲ 비행기 앞부분에 달린 피토관

그런데 비행기의 빠르기는 어떻게 잴 수 있을까요? 비행기 속력을 재는 가장 오래된 방법은 피토관(pitot tube)을 이용한 것이에요. 피토관은 날개 앞이나 조종석의 창문 아래 메기 수염처럼 붙어 있는 장치예요. 90도로 구부러진 장치의 양 끝에 구멍이 뚫려 있어 이를 이용해 비행기의 속력을 재요.

피토관이라는 이름은 이 장치를 발명한 프랑스의 과학자 앙리 피토의 이름에서 따왔어요. ㄱ 자 모양으로 생긴 피토관은 관 양쪽에 뚫린 작은 구멍의 압력 차이를 가지고 바람의 속도를 알아내는데, 주로 1초에 5m 이상의 빠르기로 움직이는 공기 유체의 흐름을 측정하는 데 이용해요.

그런데 피토관으로 측정한 비행기의 속력은 정확하지 않기 때문에 오늘날에는 인공위성의 도움을 받아 위성항법장치(GPS)를 사용하여 비행기의 빠르기를 계산한답니다.

● 비행기의 빠르기를 재는 가장 오래된 방법은 무엇인가요?

● 오늘날 비행기의 빠르기는 어떻게 계산하나요?

종이컵 자동차 만들기

싱싱 달리는 자동차를 만들고 신나게 경주해 보세요. 누구의 자동차가 가장 빠른지 어떻게 알 수 있을까요?

> **준비물**
> 빨대, 종이컵, 자동차 바퀴, 바퀴 심, 스티커, 색종이, 가위

● 실험 순서

❶ 빨대를 종이컵 가로 너비 크기로 잘라 2개를 마련한 후, 각 빨대의 양쪽에 바퀴를 붙여요.

❷ 바퀴를 붙인 빨대를 종이컵에 나란히 붙여 자동차를 만들어요.

❸ 위의 방법으로 자동차를 만들어 친구들과 경주를 해 보세요.

❹ 정해진 시간 동안 누구의 자동차가 가장 멀리 이동했는지 거리를 재어 보세요. 그리고 그 속력을 구해 보세요.

● 주의 사항

정해진 시간 동안 가장 멀리 이동한 자동차가 가장 빠른 자동차예요. 경주를 하면서 속력을 개념을 떠올리세요.

● 실험의 의의

내가 직접 만든 자동차의 속력을 나타내면서 속력의 단위를 익힐 수 있어요.

5

산과 염기

우리 주변에는 다양한 용액이 있어요.
그런데 용액이라고 해서 모두 같은 성질을 가지고
있는 것은 아니라는 사실을 알고 있나요?
용액이 지닌 다양한 특성을 살펴볼까요?

여러 가지 용액 분류하기

용액이 무엇인지 기억하나요? 용액은 두 가지 이상의 물질이 균일하게 혼합된 액체랍니다. 우리 주변에는 다양한 용액들이 있는데, 이들은 모두 다른 특징을 가지고 있어요. 용액마다 색깔도 다르고 투명한 정도나 냄새, 맛 등이 다르지요.

그래서 용액을 분류할 때는 겉보기 성질을 이용하곤 해요. '겉보기 성질'이란 사람의 감각이나 간단한 도구를 이용해서 쉽게 알아낼 수 있는 물질의 성질을 말해요. 겉보기 성질에는 맛, 색, 모양, 냄새, 촉감, 굳기 등이 속해요.

그런데 모든 물질을 맛과 냄새로 분류하기는 어려워요. 특히 모르는 용액을 절대 함부로 맛봐서는 안 돼요. 묽은 염산, 묽은 수산화나트륨 등은 절대 맛보지 말아야 해요. 냄새로 용액을 분류할 때도 용액에 직접 코를 대고 냄새를 맡으면 안 돼요. 물질의 냄새를 맡아야 하는 경우에는 손으로 바람을 일으켜 냄새를 맡아야 해요.

용액의 냄새는 손으로 바람을 일으켜서 맡아야 해요.

　용액의 색깔과 투명한 정도로 용액을 분류할 때에는 눈으로 직접 보고 비교할 수 있어요. 사이다, 콜라, 녹차, 커피, 식초, 석회수, 묽은 염산, 묽은 수산화나트륨 용액을 먼저 색깔을 기준으로 정해 분류해요. 콜라, 녹차, 커피, 식초는 색깔이 있는 용액이에요. 사이다, 석회수, 묽은 염산, 묽은 수산화나트륨은 색깔이 없는 용액이지요.

👆 한 문장 정리

사람의 감각이나 간단한 도구를 이용해서 알아낼 수 있는 ㄱ ㅂ ㄱ ㅅ ㅈ 을 이용해 용액을 분류할 수 있어요.

산성 용액

산성은 '산'의 성질을 가지고 있다는 뜻이에요. 즉 '산성 용액'은 산의 성질을 띠는 용액을 말해요. 여기서 '산'은 '시다(acidus)'라는 라틴어에서 유래된 말로, 물에 녹으면 신맛이 나는 물질이에요. 그래서 대부분의 산성 용액은 신맛이 나요.

신맛이 나는 용액 하면 식초가 떠오르지요? 식초는 대표적인 산성 용액으로 요리할 때 주로 사용돼요. 냉면을 먹을 때 식초를 뿌려 먹기도 하는데, 그 이유는 더운 여름철에는 음식이 상하기 쉬워서 식초로 살균을 하기 위해서예요. 산성은 살균 효과가 있답니다.

여러분이 잘 알고 있는 산성 용액으로는 탄산음료도 있어요. 탄산음료의 '탄산'은 이산화탄소를 물에 녹인 산이에요. 산성 용액은 치아를 부식시킬 수 있어서 콜라, 사이다 등 많이 먹으면 충치가 생기기 쉬워요.

또한 위산도 산성 용액이랍니다. 배 속에 음식이 들어오면 위는 위산을 분비해요. 위산은 음식물의 분해를 도와주고 음식물을 따라 들어온 여러 가지 병균이나 유해균을 살균, 소독하여 건강을 지키는 역할을 한답니다.

비가 올 때 산성비가 오니까 우산을 꼭 쓰라는 말을 한 번쯤 들어 봤죠? 산성비는 대기 오염 물질인 질소 산화물이나 황산화물 등이 빗물에 녹아 산성을 띠어 내리는 비를 말해요. 산성비는 대리석 조각상을 녹이거나 토양을 산성화해 농사를 짓기 힘든 땅이 되게 하는 등 우리에게 많은 피해를 줘요.

이밖에도 우리 주변에는 묽은 염산, 묽은 황산, 레몬물 등 다양한 산성 용액이 있어요. 이러한 산성 용액들은 신맛을 낼 뿐만 아니라 전류가 흐르며, 푸른색 리트머스 종이를 붉게 변화시키는 성질이 있답니다.

사이다의 뽀글뽀글 기포가 바로 탄산이야!

👆 한 문장 정리

산성 용액은 신맛을 내고, 전류가 흐르며, 푸른색 리트머스 종이를 붉게 만들어요.

염기성 용액

염기성은 '염기'의 성질을 가지고 있다는 뜻이에요. 즉 '염기성 용액'은 염기의 성질을 띠는 용액을 말해요. 일반적으로 알칼리성 용액이라고도 한답니다. 여기서 '염기'는 소금과 같은 염을 만들어 내는 기초가 된다는 뜻으로, 한자로 '소금 염(鹽)' 자에 '기초 기(其)' 자를 써요.

염기성 용액은 단백질을 녹이는 성질이 있어요. 염기성 용액은 이 성질을 이용하여 세제로 쓰인답니다. 대표적인 염기성 용액인 비눗물에 손을 담그면 미끌미끌한 느낌이 나죠? 비눗물이 단백질로 된 피부의 각질을 녹여서 미끌미끌하게 느껴지는 것이에요. 비누로 머리를 감으면 뻣뻣해지는 것도 머리카락의 단백질이 염기성 용액인 비눗물에 녹아서랍니다.

세제인 표백제나 락스 등도 모두 염기성 용액이에요. 특히 락스는 염소계 표백제로서 오염 물질과 만나면 산화 작용을 하여 오염 물질이 떨어져 나가게 해요. 락스로 변기를 닦으면 변기에 묻어 있던 여러 가지 단백질 때가 락스의 염기성 성분에 녹아 깨끗하게 청소되죠.

이밖에도 우리 주변에는 석회수, 수산화나트륨 용액, 수산화칼륨 용액, 암모니아수, 제산제 등 다양한 염기성 용액이 있어요. 이러한 염기성 용액들은 쓴맛을 내고, 전류가 흐르며, 붉은색 리트머스 종이를 푸르게 변화시키는 성질을 가지고 있지요.

염기성이라 깨끗하게 빨 수 있다고!

한 문장 정리

ㅇ ㄱ ㅅ 용액은 쓴맛을 내고, 전류가 흐르며, 붉은색 리트머스 종이를 푸르게 만들어요.

지시약

　탄산음료나 비눗물은 냄새나 미끌거림 등의 겉보기 성질을 이용하면 산성 용액인지 염기성 용액인지 쉽게 분류할 수 있어요. 그런데 겉보기 성질이 비슷한 산성 용액과 염기성 용액은 어떻게 분류할 수 있을까요? 용액의 성질을 알기 위해 잘 모르는 용액을 함부로 만지거나 맛보는 것은 매우 위험해요. 이때 지시약을 사용하면 용액을 안전하게 분류할 수 있어요.

　'지시약'은 색 변화를 통해 용액의 성질을 알 수 있게 하는 물질을 말해요. 대표적인 지시약으로는 리트머스 종이가 있어요. 푸른색 리트머스 종이는 산성 용액을 만나면 붉은색으로 변하고, 붉은색 리트머스 종이는 염기성 용액을 만나면 푸른색으로 변해요. 이러한 색 변화를 보고 산성 용액과 염기성 용액을 구분할 수 있어요.

　리트머스 종이 외에도 지시약에는 여러 가지 종류가 있어요. 페놀프탈레인 용액은 산성과 중성 용액에서는 무색이지만 염기성 용액을 만나면 붉게 변하는 성질이 있어요. 또 BTB(브로모 티몰 블루) 용액은 산성 용액에서는 노란색, 중성 용액에서는 녹색, 염기성 용액에서는 푸른색으로 변해요.

지시약으로 사용할 수 있는 식물도 있어요. 자주색 양배추를 뜨거운 물에 우려내 만든 양배추 지시약은 산성 용액에서는 붉은색 계열의 색으로, 염기성 용액에서는 푸른색 또는 노란색 계열의 색으로 변한답니다.

리트머스 종이의 색깔을 보고 어느 것이 산성 용액이고 어느 것이 염기성 용액인지 맞혀 봐!

👉 한 문장 정리

 ㅈ ㅅ ㅇ 은 색 변화를 통해 용액의 성질을 알 수 있게 하는 물질이에요.

중화

　산성 용액과 염기성 용액이 만나면 용액 속에 있던 산성 물질과 염기성 물질이 서로 짝을 맞추면서 그 성질을 잃어버려요. 이처럼 산과 염기가 만나 반응하여 서로의 성질을 잃는 것을 '중화'라고 해요. 이러한 중화 반응은 우리 생활에서 많이 활용되고 있어요.

　먼저 산성 물질을 이용해 염기성의 성질을 잃어버리게 하는 경우를 알아봐요. 조개와 생선은 너무 맛있지만, 비린내가 나는 것이 단점이에요. 생선에서 나는 비린내는 염기성을 가지고 있답니다. 그래서 우리는 생선을 더 맛있게 먹기 위해 시큼한 맛을 내는 레몬을 *곁들여요. 산성인 레몬물과 염기성인 비린내가 만나면 레몬의 신맛도 사라지고, 비린내도 나지 않아요. 생선을 손질한 도마를 산성인 식초로 닦는 것도 같은 원리예요.

　이번에는 염기성 물질을 섞어 산성의 성질을 약하게

★ 곁들이다 음식을 서로 어울리게 내어놓는 것을 말해요.

하는 경우를 알아봐요. 요구르트를 마시면 입안이 산성 환경이 되어 충치를 일으키는 세균이 활동하게 돼요. 그래서 염기성인 치약을 사용해 입안의 산성 물질을 없애 준답니다. 만약 벌에 쏘이면 어떻게 해야 할까요? 벌의 침은 산성이에요. 그래서 염기성인 암모니아수를 바르면 아픈 증상이 나아져요. 산성비로 인해 산성화된 흙은 석회 가루를 뿌려서 산성을 약하게 해요. 그러면 다시 식물들이 자라기 좋은 상태의 흙이 된답니다.

👆 **한 문장 정리**

산과 염기가 만나 반응하여 서로의 성질을 잃는 것을  라고 해요.

문해력 튼튼

● 다음 글을 읽고, 물음에 답하세요.

땅에 따라 색이 바뀌는 꽃이 있다?

햇볕이 쨍쨍 내리쬐는 여름날, 풍성한 꽃송이를 뽐내는 수국을 본 적 있나요? 수국은 꽃의 생김새가 예뻐서 주로 관상용이나 장식용으로 쓰이는데요, 수국의 꽃잎은 흰색, 분홍색, 파란색, 보라색 등 아주 다양하답니다. 그런데 이 꽃잎의 색깔은 수국이 뿌리를 내린 땅의 성질에 따라 달라진다는 사실을 알고 있나요?

수국이 뿌리를 내린 땅이 염기성을 띠면 꽃잎의 색깔이 분홍색이 되고, 땅이 산성이면 꽃잎의 색깔이 파란색을 띤답니다. 즉 토양이 산성인지 염기성인지에 따라서 꽃의 색깔이 바뀌는 것이지요.

그럼 땅의 성질을 바꾸면 내가 원하는 색의 수국이 피게 할 수 있겠죠? 산성을 띠는 약물인 백반을 수국이 자라고 있는 흙에 섞으면 수국의 색이 점점 푸른색으로 변한답니다. 반대로 수국이 자라고 있는 땅에 염기성을 띠는 달걀 껍데기나 석고 가루를 넣어 주면 토양이 염기성으로 변하면서 점점 분홍색 꽃이 핀답니다. 화단이나 화분에 수국을 심고 내가 원하는 색깔의 꽃이 피게 해 보세요.

● 다음 두 색깔의 수국이 어떤 성질의 땅에서 피는지 써 보세요.

꽃잎의 색깔	땅의 성질
	꽃잎이 분홍색인 수국은 ⬚ 땅에서 피어요.
	꽃잎이 파란색인 수국은 ⬚ 땅에서 피어요.

알록달록 지시약 만들기

우리 주변에서 쉽게 구할 수 있는 식물로 천연 지시약을 만들어 산성 용액과 염기성 용액을 분류해 볼까요?

준비물
계란 박스, 포도 껍질, 검정콩, 여러 가지 용액(사이다, 식초, 락스, 비눗물 등), 가위, 냄비, 컵, 버너

● 실험 순서

❶ 포도 껍질과 물을 1:1 비율로 섞은 다음 냄비에 넣고 끓여요. 색이 완전히 빠지면 컵에 덜어 식혀 주세요.

❷ 검정콩 20알과 종이컵 반 컵의 물을 끓여요. 검정색이 잘 나오면 컵에 덜어 식혀 주세요.

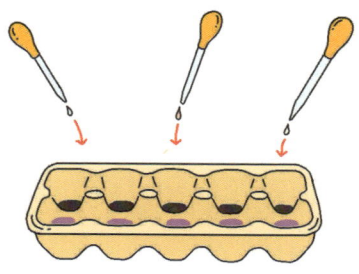

❸ 종이 계란판의 한 줄에는 포도 껍질을 삶은 물을, 다른 한 줄에는 검정콩을 삶은 물을 칸마다 3방울씩 떨어뜨려요.

❹ 집에 있는 여러 가지 용액을 한 칸에 한 용액씩 넣으면서 용액의 색깔이 어떻게 변하는지 관찰해 보세요

● **주의 사항**

끓인 물을 컵에 덜 때는 물을 충분히 식혀야 해요.

● **실험의 의의**

포도 껍질을 삶은 물은 산성을 띠고, 검정콩을 삶은 물은 염기성을 띠어요. 포도 껍질이나 검정콩 외에도 자주색 양배추, 붉은 장미꽃, 나팔꽃, 당근, 비트 등으로도 천연 지시약을 만들 수 있어요!

부록

한 문장 정리 모아 보기

> 앞에서 읽은 내용을 떠올리며, 빈칸에 들어갈 개념들을 써 보세요. 기억이 잘 나지 않을 때는 옆에 적힌 쪽에서 힌트를 얻을 수 있어요.

1. 재미있는 탐구 생활

- ◯◯ 란 여러 가지 자연 현상을 보고 떠올린 궁금증에 대한 답을 찾는 과학적인 과정을 말해요. ▶ 14쪽

- 탐구를 통해 해소하고 싶은 궁금증을 ◯◯◯◯ 라고 하는데, 이를 정할 때에는 그것을 스스로 실험하고 확인할 수 있는지 따져 봐야 해요. ▶ 16쪽

- 탐구 문제를 해결하기 위해 탐구 방법, 탐구 순서, 탐구 기간과 준비물 등을 생각해 보는 과정을 ◯◯◯ 이라고 해요. ▶ 18쪽

- 탐구 문제를 해결하기 위해 탐구 계획에 따라 탐구를 하는 과정을 ◯◯◯ 이라고 해요. ▶ 20쪽

- 탐구 과정에서 생긴 문제의 원인을 찾는 것을 ◯◯ 이라고 하고, 그 결과에 따라 문제를 해결할 수 있는 방법을 찾아 보완하는 것을 ◯◯ 이라고 해요. ▶ 21쪽

- 탐구 결과를 ◯◯ 할 때에는 탐구 결과를 잘 전달할 수 있는 방법이 무엇인지 생각해 보고 여기에 맞는 ◯◯ 를 만들어요. ▶ 23쪽

2. 생물과 환경

- ◯◯◯ 란 생물 요소와 비생물 요소가 어떤 장소에서 서로 영향을 주고받으면서 균형과 조화를 이루는 체계를 말해요. ▶ 32쪽

- 생명을 가지고 스스로 생활을 유지하는 생명체를 ⬤⬤ 이라고 하는데, 이들은 ⬤을 얻는 방식에 따라 생산자, 소비자, 분해자로 나눌 수 있어요. ················ ▶ 33쪽

- 햇빛 등으로 살아가는 데 필요한 영양분을 스스로 만드는 생물을 ⬤⬤⬤ 라고 해요. ··· ▶ 35쪽

- 스스로 양분을 만들지 못하고 다른 생물을 먹으며 살아가는 생물을 ⬤⬤⬤ 라고 해요. ·· ▶ 37쪽

- 주로 죽은 생물이나 배출물을 분해하여 양분을 얻는 생물을 ⬤⬤⬤ 라고 해요. ··· ▶ 39쪽

- 물, 햇빛, 공기, 흙처럼 생물을 둘러싸고 있는 환경을 구성하는 것들을 ⬤⬤⬤ 요소라고 해요. ··· ▶ 41쪽

- 생태계 내에서 생물들 사이에 먹고 먹히는 관계가 사슬처럼 연결되어 있는 것을 ⬤⬤ ⬤⬤ 이라고 해요. ··· ▶ 43쪽

- 여러 개의 먹이 사슬이 얽혀 그물처럼 복잡하게 연결되어 있는 것을 ⬤⬤ ⬤⬤ 이라고 해요. ··· ▶ 45쪽

- 어떤 지역에 살고 있는 생물의 종류와 수 또는 양이 균형을 이루며 안정된 상태를 유지하는 것을 ⬤⬤ ⬤⬤ ⬤⬤ 이라고 해요. ············· ▶ 47쪽

- 사람들의 활동으로 환경이 훼손되는 현상을 ⬤⬤ ⬤⬤ ⬤⬤ 이라고 해요. 오염된 환경을 다시 깨끗하게 만드는 일은 매우 어렵다는 것을 명심해야 해요. ············· ▶ 49쪽

- 생물이 주변 환경에 맞추어 살아가는 것을 ⬤⬤ 이라고 해요. ············· ▶ 51쪽

3. 날씨와 생활

- ◯◯ 란 그날그날의 대기 상태를 말해요. 우리는 ◯◯◯◯ 를 통해 날씨를 예측할 수 있어요. ··· ▶ 61쪽

- 공기 중에 수증기가 포함된 정도를 ◯◯ 라고 해요. 이는 공기가 건조하거나 습한 정도를 나타내는 지표예요. ·· ▶ 63쪽

- 건구 온도계와 습구 온도계의 온도 차이를 이용해 습도를 구할 수 있는 기계를 ◯◯◯◯ 라고 해요. ··· ▶ 65쪽

- 기체인 수증기가 액체인 물이 되는 현상을 ◯◯ 이라고 해요. ·················· ▶ 67쪽

- ◯◯ 은 공기 중의 수증기가 차가운 물체 표면에서 응결하여 생긴 물방울이에요. ▶ 69쪽

- ◯◯ 는 공기 중의 수증기가 지표면 가까이에서 응결하여 작은 물방울 상태로 떠 있는 것이에요. ·· ▶ 71쪽

- 높은 곳에 떠 있는 작은 물방울들을 ◯◯ 이라고 해요. 안개와 발생하는 원리가 같답니다. ··· ▶ 72쪽

- 구름 속 얼음 알갱이가 녹지 않고 떨어지면 ◯ 이 되고, 물방울 그대로 떨어지거나 얼음 알갱이가 떨어지다 녹으면 ◯ 가 돼요. ·· ▶ 75쪽

- 공기가 누르는 압력을 ◯◯ 이라고 하고, 주변보다 상대적으로 기압이 높은 곳은 ◯◯, 낮은 곳은 ◯◯ 이라고 해요. ·· ▶ 78쪽

- 바다에서 육지로 부는 바람을 ◯◯ 이라고 하고, 육지에서 바다로 부는 바람을 ◯◯ 이라고 해요. ·· ▶ 80쪽

- 일정 규모 이상의, 성질이 같은 공기 덩어리를 ○○ 이라고 해요. 우리나라의 날씨는 이것의 영향을 받아 계절별로 다른 특징을 보여요. ················▶ 83쪽

4. 물체의 운동

- 물체의 위치가 시간이 지남에 따라 변하는 것을 물체의 ○○ 이라고 해요. ······▶ 93쪽
- 일정한 곳에 자리를 차지하고 있는 것 또는 그 자리를 ○○ 라고 해요. ········▶ 94쪽
- 우리 주변의 물체들은 대부분 ○○○ 가 변하는 운동을 해요. 점점 빠르게 움직이거나 느리게 움직이기도 하고 빨라졌다가 느려지기도 해요. ·····················▶ 95쪽
- 우리 주변에는 빠르기가 ○○○ 운동을 하는 물체도 있어요. 이들은 대부분 우리가 의도적으로 만든 물체랍니다. ·······························▶ 97쪽
- ○○ 은 단위 시간 동안 물체가 이동한 거리를 말해요. 이동 거리를 이동에 걸린 시간으로 나누면 구할 수 있어요. ·····································▶ 99쪽
- 속력의 단위에는 km/h, m/min, m/s 등이 있어요. 우리가 알고 있는 것 중에서는 ○ 이 제일 빠르답니다. ···▶ 101쪽
- 일정한 거리를 이동한 물체의 빠르기는 이동 ○○ 이 짧을수록 더 빠르다고 할 수 있어요. ···▶ 103쪽
- 일정한 시간 동안 이동한 물체의 빠르기는 이동 ○○ 가 멀수록 더 빠르다고 할 수 있어요. ···▶ 105쪽
- 자동차에는 탑승자의 안전과 사고 예방을 위한 다양한 ○○○○ 가 있어요. ···▶ 107쪽

5. 산과 염기

- 사람의 감각이나 간단한 도구를 이용해서 알아낼 수 있는 ○○○○ 을 이용해 용액을 분류할 수 있어요. ················▶ 117쪽

- ○○ 용액은 신맛을 내고, 전류가 흐르며, 푸른색 리트머스 종이를 붉게 만들어요. ················▶ 119쪽

- ○○○ 용액은 쓴맛을 내고, 전류가 흐르며, 붉은색 리트머스 종이를 푸르게 만들어요. ················▶ 121쪽

- ○○○ 은 색 변화를 통해 용액의 성질을 알 수 있게 하는 물질이에요. ······▶ 123쪽

- 산과 염기가 만나 반응하여 서로의 성질을 잃는 것을 ○○ 라고 해요. ········▶ 125쪽

메모

초등 과학 진짜 문해력 5-2

초판 1쇄 발행 2023년 2월 10일
초판 2쇄 발행 2025년 3월 4일

지은이 • 김그린, 김혜인, 김희원, 심준보, 양진호, 정창렬, 조민호, 한수현
그린이 • 편안
펴낸이 • 황혜숙
편집 • 서대영
조판 • 이주니
펴낸곳 • (주)창비교육 | 등록 • 2014년 6월 20일 제2014-000183호 | 제조국 • 대한민국
주소 • 04004 서울특별시 마포구 월드컵로12길 7
전화 • 1833-7247 | 팩스 • 영업 070-4838-4938 | 편집 02-6949-0953
홈페이지 • www.changbiedu.com | 전자우편 • textbook@changbi.com

ⓒ 김그린, 김혜인, 김희원, 심준보, 양진호, 정창렬, 조민호, 한수현, 편안 2023
ISBN • 979-11-6570-197-0 73400

* 이 책 내용의 전부 또는 일부를 재사용하려면 반드시 저작권자와 (주)창비교육 양측의 동의를 받아야 합니다.
* 책값은 뒤표지에 표시되어 있습니다. * KC마크는 이 제품이 공통안전기준에 적합하였음을 의미합니다.